História de Roma

FUNDAÇÃO EDITORA DA UNESP

Presidente do Conselho Curador
Mário Sérgio Vasconcelos

Diretor-Presidente
Jézio Hernani Bomfim Gutierre

Superintendente Administrativo e Financeiro
William de Souza Agostinho

Conselho Editorial Acadêmico
Danilo Rothberg
Luis Fernando Ayerbe
Marcelo Takeshi Yamashita
Maria Cristina Pereira Lima
Milton Terumitsu Sogabe
Newton La Scala Júnior
Pedro Angelo Pagni
Renata Junqueira de Souza
Sandra Aparecida Ferreira
Valéria dos Santos Guimarães

Editores-Adjuntos
Anderson Nobara
Leandro Rodrigues

Pierre Grimal

História de Roma

Tradução
Maria Leonor Loureiro

World copyright © 2003 Éditions Mille et une nuits,
département de la Librairie Arthèmes Fayard
Título original: *Histoire de Rome*
© 2010 da tradução brasileira

Direitos de publicação reservados à:
Fundação Editora da UNESP (FEU)
Praça da Sé, 108
01001-900 – São Paulo – SP
Tel.: (0xx11) 3242-7171
Fax: (0xx11) 3242-7172
www.editoraunesp.com.br
www.livrariaunesp.com.br
atendimento.editora@unesp.br

CIP – Brasil. Catalogação na fonte
Sindicato Nacional dos Editores de Livros, RJ

G873h

Grimal, Pierre, 1912-1996
    História de Roma/Pierre Grimal; tradução Maria Leonor
Loureiro. – São Paulo: Editora Unesp, 2011.
    176.: il.

    Tradução de: Histoire de Rome
    ISBN 978-85-393-0089-1

    1. Roma – História. I. Título I. Título.

11-0659.   CDD: 937
                                                                                          CDU: 94(37)

Editora afiliada:

Ubi tu Gaius, ego Gaia.

Sumário

I O vilarejo dos primeiros tempos 9

II O tempo dos reis 19

III Conquistas e angústias 35

IV Rumo à descoberta do sul 49

V O duelo com Cartago 59

VI Os horizontes desmedidos 77

VII O tempo da cólera 89

VIII O fim de um mundo 103

IX O nascimento do Império 119

X A Roma dos Césares 135

XI A morte de um Império 159

I

O VILAREJO DOS PRIMEIROS TEMPOS

Hoje em dia, se subirmos as encostas do Palatino e atravessarmos o caos das ruínas do que foi o palácio dos imperadores romanos, chegaremos a uma estreita plataforma que domina o vale do Tibre. Essa plataforma, ainda há pouco entulhada por terra acumulada pelas chuvas e por todo o tipo de detrito, está agora limpa e, no solo, surgem os vestígios de um vilarejo singular que se ergueu ali há quase três mil anos. E tal vilarejo, que reunia talvez algumas dezenas de pobres cabanas feitas de galhos entrelaçados e sustentados por estacas de madeira, é hoje tudo o que subsiste da Roma mais antiga.

Os romanos, orgulhosos de suas origens, gostavam de contar que nesse lugar seu primeiro rei fundara sua cidade. A esse rei chamavam Rômulo. Ele havia sido o primeiro romano. Fora criado nessa mesma colina por um pastor, o bom Fáustulo, que recolhera a ele e a Remo, seu irmão gêmeo, ainda recém-nascidos, abandonados numa cesta de vime que o rio, durante a cheia, depositara ao pé do Palatino.

Rômulo e Remo eram de origem real, filhos da sobrinha do rei de Alba. Ela os tivera, contava-se, do próprio deus Marte, mas o rei, temendo que essas crianças viessem a destroná-lo um dia, decidiu abandoná-las no rio, persuadido de que o frio, a falta de cuidados, a correnteza não tardariam a desembaraçá-lo desses dois sobrinhos-netos preocupantes. Mas o rei não contara com a vontade dos deuses. O berço flutuante encalhou na margem, a seco; uma loba, o animal de Marte, deitou-se perto dos bebês, deu-lhes calor e leite. Por fim, eles foram recolhidos por Fáustulo, que os levou para sua cabana. Lá, tratou-os como seus próprios filhos e, depois, como suspeitava da origem deles, acabou por lhes revelar o segredo de seu nascimento.

Rômulo e Remo, uma vez crescidos e vigorosos, destronaram o tio-avô e, no lugar dele, puseram o avô; em seguida, voltaram ao país onde haviam passado a infância para criar um reino. Decidiram fundar, no Palatino, uma cidade a que chamariam Roma. Mas os dois irmãos não tardaram a brigar; e Rômulo, para reinar sozinho – ou talvez apenas porque Remo zombara dele –, matou o irmão.

Do alto do Palatino, local em que Rômulo instalou sua cidade, distingue-se a extensa colina onde se erguia outrora a cidade de Alba. Ela se desenha no horizonte, na planície do Lácio. Ainda mais longe, estão as primeiras escarpas dos Apeninos, chamados nesse lugar de montes Sabinos, cujas linhas azuladas, frequentemente diluídas pela bruma, confundem-se com o céu. À direita, o amplo vale do Tibre desce lentamente para o mar. Além do país albanense, era desse mar que os romanos acreditavam vir a origem longínqua de sua raça. Para eles, os reis de Alba, antepassados de Rômulo, descendiam de Eneias, que atracara um dia, à frente de numerosa frota, perto da foz do Tibre, no lugar onde hoje se estendem as ruínas da cidade de Óstia. Eneias fugira de Troia, a rica cidade frígia que sucumbira aos ataques dos gregos após um cerco de dez anos. Eneias e seus companheiros eram praticamente os únicos sobreviventes dessa epopeia, cuja glória percorrera todo o mundo mediterrâneo vários séculos antes da fundação de Roma. Eles haviam levado para a Itália central, além de sua fama, os rudimentos da brilhante civilização asiática. Pela primeira vez, viram-se no Lácio tecidos bordados e tingidos com púrpura, joias de ouro, armas preciosas. Também pela primeira vez, estabeleceram-se leis, chefes foram obedecidos mais do que temidos e os homens aprenderam a buscar abrigo dentro de muralhas, a fim de viver uma vida pacífica.

Embora a cidade fosse apenas um pobre vilarejo no início, os romanos não se viam, em absoluto, como *parvenus*; antes se consideravam os descendentes empobrecidos, e por isso mesmo mais dignos, de uma antiga nobreza. Eneias não fora escolhido à toa, dentre todos os troianos, para perpetuar sua raça. Sempre comprovara uma singular "piedade", obedecia às ordens dos deuses, arriscara a vida para tirar seu pai, Anquises, das chamas de Troia quando a cidade foi tomada, abandonando suas riquezas, mas

História de Roma

encarregando-se das estátuas de seus deuses familiares! A lembrança de Eneias e o prestígio de suas virtudes apagavam a mancha do fratricídio de Rômulo, que ensanguentara o nascimento da Cidade.

*

Rômulo escolheu um lugar quase deserto para fundar Roma. Toda a região e os arredores eram cobertos por florestas. Nas clareiras, pastavam rebanhos. Aqui e ali, erguia-se, nas colinas, um vilarejo semelhante ao do Palatino, cujas encostas eram cercadas por pântanos que dificultavam a passagem. À menor cheia, as águas amarelentas do rio invadiam as margens, enchendo os dois valezinhos que circundavam a colina. Os riachos que, comumente, ocupavam o fundo do vale, ficavam retidos e espalhavam-se em camadas profundas. Só se podia então chegar ao vilarejo por uma estreita "pista" que o ligava às outras colinas, para o leste. Tais condições, muito preciosas porque asseguravam uma defesa fácil, pareciam impossibilitar um destino grandioso a Roma: como se poderia estabelecer uma verdadeira cidade num lugar tão incômodo? Quantas obras para secar esses baixios insalubres, inabitáveis, onde rondava a febre! Pouca terra cultivável nos arredores, nenhuma estrada, a vizinhança de um rio caudaloso, dificilmente transposto e cuja outra margem estava ocupada por um povo inimigo.

Ao norte do Tibre começava o país etrusco. Pouco conhecemos sobre quem eram os etruscos. Nós os descobrimos, instalados na Itália central, mais ou menos no tempo da fundação de Roma, mas não sabemos de onde vinham. Era um povo estrangeiro, que deixou na terra italiana uma marca duradoura. Para nós, é sobretudo o povo que escavou túmulos magníficos, encontrados em imensas necrópoles de Florença a Tarquínia, às portas de Roma. Nessas necrópoles, os etruscos gravaram as imagens do que foi sua vida: seus jogos – nos quais concorriam os atletas, mas nos quais prisioneiros de guerra eram sacrificados para prestar honras à alma dos mortos –; seus festins; suas danças; seus ritos sagrados. Geralmente, o interior dos túmulos era disposto tal qual as casas dos vivos. Os cadáveres ficavam em leitos semelhantes àqueles nos quais se dormia; debaixo do leito, as sandálias, que esperam o despertar do adormecido. Perto do cadáver de uma mulher, colocavam joias, ou então, o leque usado para atear o fogo familiar. Em outra parte, sobre a tampa dos sarcófagos, veem-se o morto e sua mulher, deitados, como num leito de mesa, para um banquete eterno. Tudo isso nos fala de um povo alegre, vivaz, apaixonado pela vida e seus prazeres, e que não se resignava a renunciar para sempre à luz e à felicidade da terra.

A morte, para eles, era repleta de fantasmas, de tormentos. Nas paredes de alguns túmulos, pinturas retratam esses demônios dos infernos, bico afiado, garras recurvadas, asas de rapaces noturnos, máscaras com esgares, tudo o que espera o condenado às penas eternas. Durante a vida, os etruscos se empenhavam em adorar os deuses, a fim de merecerem pela piedade as recompensas do Além. As cidades etruscas possuíam vários templos, que se erguiam nas elevações. De lá, o deus ou a deusa abençoava os vivos. Os sacerdotes realizavam muitas cerimônias para tornar propícios os poderes celestes. Os adivinhos estudavam longamente quaisquer sinais que aparecessem no céu. Observavam o voo dos pássaros e, conforme os vissem à direita ou à esquerda, para o norte ou para o sul, ou se os corvos ou os abutres voassem em bando ou sozinhos, o presságio mudava. Sabiam também interrogar as entranhas das vítimas sacrificadas nos altares; conheciam as regras que permitiam interpretar a forma ou a cor do fígado de um touro que se estripasse. Eram hábeis em desvendar o que significava um nascimento monstruoso, um vitelo de duas cabeças, um carneiro de cinco patas ou uma tempestade fora da estação, tudo o que saía do habitual e que, por conseguinte, devia ser considerado um "sinal".

O prestígio dos adivinhos etruscos e de seus deuses era disseminado em toda a Itália central. Além disso, esse povo sabia construir templos magníficos e modelar imagens sagradas tão belas, de rosto tão majestoso que seu poder impressionava. Logo que Roma cresceu um pouco, seus habitantes desejaram possuir estátuas semelhantes e encomendaram-nas aos artistas etruscos. O primeiro ídolo de Júpiter, o deus supremo de Roma, era uma grande estátua de barro cozido, pintada de cores vivas: o rosto era pintado de ocre-vermelho, a roupa, um manto purpúreo bordado de folhagem dourada. De fato, esse Júpiter causava grande impressão no Capitólio, onde foi instalado. Os templos construídos nessa época também eram decorados com placas de barro cozido pintado; a beirada do telhado era guarnecida por grandes telhas moldadas em forma de palmas; no ponto mais alto, dispunham-se estátuas de demônios e de deuses, cujas silhuetas se destacavam contra o céu.

Todas essas maravilhas não foram inventadas pelos etruscos; eles encontraram os modelos na Ásia, de onde, talvez, alguns deles provinham; continuavam, aliás, a manter um comércio ativo com as regiões mais distantes do Mediterrâneo oriental. Os barcos dos mercadores de Mileto e da Fócia vinham à Etrúria, traziam objetos de arte, vasos pintados como se fabricavam no país deles, joias, estatuetas, vinho, azcitc. Voltavam para o Oriente carregados de minério de ferro, cobre, chumbo, encontrados em abundância nas minas da Etrúria. Os portos etruscos desse país, que mais tarde recebeu o nome de Toscana, eram outras tantas janelas abertas para o exterior. Roma, graças a seus vizinhos etruscos, não estava isolada do resto do mundo. As artes, as ideias, mesmo os deuses da

Grécia e do Oriente chegavam a ela desde o tempo em que era apenas um lugarejo insignificante.

II

O TEMPO DOS REIS

O fundador de uma cidade não podia ser senão seu rei, e é por isso que, no início, Roma foi governada por reis. Havia reis em Alba e não se conheciam, no país, outras formas de governo. O rei não era um personagem qualquer, elevado ao trono por acaso e mantido no posto apenas pela subserviência de seus súditos. Era designado pelos deuses, e mais, era a imagem viva do grande deus da cidade, esse Júpiter que a tudo domina do alto do Capitólio, uma das colinas vizinhas do Palatino. O poder do rei espelhava somente a onipotência de Júpiter; portanto, não é de espantar que Rômulo, quando desapareceu do mundo dos vivos, fosse considerado um deus. Aliás, ele jamais fora visto como um mortal qualquer. Era o filho de Marte e, pela mãe, descendia de Vênus, mas muitos de seus sucessores, de ascendência menos importante, não deixaram de ser admitidos entre os Imortais. Numa, que lhe sucedeu, tinha o costume de conversar, à noite, com uma ninfa de uma fonte perto da cidade. Essa ninfa se chamava Egéria e dava-lhe excelentes conselhos; conta-se até que ela lhe ditou todas as reformas religiosas que ele empreendeu e consolidou. Essa é uma das razões pelas quais os romanos acabaram persuadidos da excelência de sua religião – cujas principais instituições faziam remontar a Numa –, dizendo que se fora uma divindade que estabelecera, ela mesma, a forma dos sacrifícios, a data das festas, o número dos sacerdotes, ninguém podia fazer melhor, nem estar mais diretamente informado sobre os gostos dos Imortais.

Às vezes, bastava que surgisse um sinal enviado do céu para que um rei fosse designado ou levado ao poder. Os adivinhos estavam em boas condições para interpretar os prodígios mais incomuns. Não apenas consideravam como um aviso vindo dos deuses todos os trovões (que não são raros na Itália, da primavera ao outono, e às vezes mesmo no inverno), mas atribuíam a maior importância a fatos que não nos pareceriam hoje merecer a menor atenção. Uma rainha tinha um sonho, e eis que todos os adivinhos se ocupavam em descobrir-lhe o significado; as servas do palácio acreditavam ter visto uma auréola luminosa em torno da cabeça de um pequeno escravo adormecido, e eis a criança, filho de não se sabe quem, sendo tratada como se descendesse de um grande senhor, preparada para substituir um dia no trono aquele que fora seu amo. Foi essa a aventura de Sérvio Túlio, o penúltimo rei de Roma e, talvez, depois de Rômulo, um dos maiores que a Cidade conheceu. Os deuses nem sempre se enganavam, sobretudo quando tinham como intérpretes adivinhos prudentes ou mulheres sutis como a rainha Tanaquil, que soube impor aos romanos o jovem Sérvio, que nascera em sua casa.

Roma crescera muito depressa, com uma rapidez que os romanos, não sem razão, nunca se cansaram de admirar. Eles confessavam que, no início, Rômulo não se constrangia com escrúpulos, mas deve-se contestar um político quando ele prepara algo tão grandioso quanto Roma?

Os primeiros companheiros de Rômulo não eram numerosos, apenas alguns pastores e pobres-diabos do Lácio. Mas não se funda uma cidade apenas com um punhado de homens. Rômulo teve então a ideia de abrir um "asilo": declarou que certo bosque sagrado, que se situava no Capitólio, viraria um asilo inviolável para todos que ali buscassem refúgio, fossem escravos fugitivos, devedores insolventes, ladrões e até mesmo assassinos. A partir do momento em que cruzassem o limite do bosque, ninguém mais poderia cobrá-los sobre suas infrações. Chegaram a Roma aventureiros de todas as partes da Itália.

Não eram, seguramente, os mais respeitáveis burgueses das pequenas cidades que vieram para o bosque do Capitólio, mas também não acreditemos que houvesse somente criminosos empedernidos, à procura de um golpe. A vida era dura para os pobres desde esses tempos longínquos; os que não tinham terra vendiam o trabalho de seus braços, mas tornavam-se praticamente escravos de seus senhores. Foi para escapar dessa condição que muitos trabalhadores agrícolas pediram

História de Roma

para se tornar cidadãos de Roma. Tinham pelo menos a esperança de obter um pedaço de terra numa cidade nova, onde nem todos os lugares estavam tomados. Graças a esse afluxo de imigrantes, Roma cresceu rapidamente, a exemplo do que ocorreu com as cidades americanas do Centro e do Oeste no século XIX. O vilarejo do Palatino logo se revelou insuficiente. As colinas vizinhas, o Quirinal, o Viminal, o Esquilino e o Aventino, foram desbravadas; houve um esforço para secar os vales pantanosos e, em alguns anos, Roma já era uma cidade apresentável, que comportava vários bairros, uma praça, o Fórum, onde se reuniam os cidadãos, e, sobretudo, uma arena vastíssima, onde eram realizadas as corridas de carro.[1] Essas corridas eram um espetáculo popular – e assim permaneceram durante toda a história de Roma –, vinha-se de muito longe para assistir às festas em que elas figuravam no programa. Isso sugeriu a Rômulo uma solução para um problema que o atormentava há muito tempo.

---

[1] Referência às corridas de bigas – veículos de duas ou quatro rodas, puxados por cavalos – realizadas nas arenas romanas. (N. E.)

Os habitantes da jovem Roma, cada vez mais numerosos, eram todos homens na flor da idade. Ao lado deles não havia mulheres. O que aconteceria com a Cidade quando seus primeiros cidadãos envelhecessem? Os romanos já haviam pedido aos vizinhos suas filhas em casamento; percorreram os vilarejos latinos da planície e os vilarejos do planalto, habitados pelos sabinos, seus parentes de raça, descidos das montanhas há alguns séculos. Mas latinos e sabinos recusaram os anseios romanos; eles não queriam ter como genros homens cuja origem se desconhecia e que, segundo todas as probabilidades, logo abandonariam suas mulheres como tinham feito com a pátria. Portanto, os romanos permaneciam solteiros. Mas eis, finalmente, o estratagema que Rômulo planejou. Ele anunciou que seria dada uma grande festa em homenagem ao deus Netuno e que nessa ocasião seria disputada uma corrida de carros. Sabinos e latinos, em grande número, apresentaram-se, no dia marcado, com seus filhos e mulheres. Instalaram-se no circo e os jogos começaram. Mas enquanto os olhos dos visitantes estavam voltados para a pista, os romanos, instruídos por Rômulo, apoderaram-se das jovens sabinas e carregaram-nas para as casas dos cidadãos mais importantes; o resto dos espectadores se retirou no meio do tumulto.

No dia seguinte, os pais das jovens raptadas protestaram junto ao rei, mas este se recusou a devolver-lhes as filhas. Então, foram pedir ajuda a Tito Tácio, o rei mais poderoso de sua nação, que reuniu o exército sabino para obter justiça daqueles que eles chamavam bandidos e perjuros. Logo, os sabinos marcharam sobre Roma e o combate se travou na planície do Fórum. Os sabinos tinham a vantagem de estar em maior número. Os romanos eram, no conjunto, mais jovens e mais aguerridos, porém, no primeiro embate, tiveram muitas baixas e recuaram até o pé do Palatino. Lá, graças à intervenção de Júpiter, a quem Rômulo suplicava, seus batalhões descansaram e puderam se reorganizar; em seguida, voltaram ao ataque e fizeram os sabinos recuarem até o ponto de partida.

O dia estava apenas na metade, e a tarde ameaçava ser ainda mais sangrenta do que a manhã quando apareceu, entre os dois exércitos, um grupo de mulheres vestidas de luto; eram as sabinas raptadas. Elas haviam assistido à batalha do alto das colinas e, depois de reunirem-se, decidiram interromper a guerra em que genros e sogros se enfrentavam. Com gritos e lágrimas, comoveram os combatentes; souberam persuadir os pais de que seus maridos, que as tinham desposado, sem dúvida sem o consentimento deles, não haviam se mostrado, por isso, menos delicados e respeitosos e, como é natural, elas preferiam ser casadas a viúvas. Os combatentes de ambos os lados acabaram estendendo as mãos. Chegou-se a um tratado. Sabinos e romanos formariam um único povo, teriam uma única cidade, e os dois reis, Rômulo e Tácio, reinariam juntos, dividindo o poder.

Felizmente para Roma, Tácio logo morreu, o que evitou lutas sangrentas. O próprio Rômulo, num dia em que passava em revista o povo, reunido no Campo de Marte (dava-se esse nome à planície situada ao norte do Capitólio, na curva do Tibre, onde se costumava convocar os soldados e proceder aos exercícios militares), desapareceu durante uma tempestade; um dos espectadores assegurou que o vira subir ao céu carregado por uma águia. Preferiu-se acreditar neste, mas murmurava-se também que os senadores (dizia-se então os "Pais") sabiam algo mais sobre esse desaparecimento, pois deixavam transparecer para o povo que tinham pouca simpatia pelos reis.

Os "Pais" eram os chefes das famílias mais importantes. Rômulo designara-os para lhe servirem de conselheiros. O povo via-os com desconfiança; acusava-os de orgulho, o que muitas vezes era verdade, e de ambição, o que não o era menos; o povo pensava, com ou sem razão, ter no rei um protetor mais seguro. Assim, cada vez que um rei desaparecia, era o povo que insistia em que fosse eleito outro. Escolhia-se um homem conhecido por sua sabedoria, pelo valor como soldado ou pela riqueza, e tentava-se fazer alternar as boas qualidades; após um rei guerreiro como Rômulo, os romanos sentiam a necessidade de ter um soberano pacífico; foi escolhido um velho sabino, chamado Numa, muito instruído sobre os assuntos da religião. Já dissemos como ele conversava, à noite, com uma ninfa. Isso era sabido e fazia que todos o respeitassem ainda mais. Quando Numa morreu, em idade muito avançada, deixou Roma mais bem organizada do que nunca, mais bem policiada, e o povo, instruído de seus deveres religiosos, disciplinado e honesto – resultado apreciável quando lembramos a origem da maioria dos companheiros de Rômulo.

O sucessor de Numa era um "latino", Túlio Ostílio, e foi um rei guerreiro. Roma prosperara além de todas as expectativas e era invejada pelas outras cidades do Lácio. Sem permitir que tais vilas se organizassem entre si, Túlio Ostílio resolveu dar um grande golpe. Declarou guerra à cidade de Alba Longa, considerada a capital do Lácio. Mas não foi uma batalha campal que decidiu a guerra. Cada lado escolheu três campeões. Os de Alba foram três irmãos, os Curiáceos; os de Roma, três irmãos, os Horácios, igualmente vigorosos e cheios de coragem. Os dois exércitos dispuseram-se para a batalha, frente a frente, na planície e, entre eles, os seis combatentes se desafiaram. Ao primeiro choque, dois dos romanos caíram. O exército de Alba deu um grito de alegria. Tudo indicava que, com três contra um, o campeão de Roma não tinha chance de vitória. Mas Horácio observara que dois dos Curiáceos estavam feridos. Fez menção de fugir, afrontando os gritos de cólera de seus compatriotas. Os Curiáceos lançaram-se em sua perseguição, mas, como suas forças já não eram iguais, corriam com velocidade diferente. Assim que os viu afastados um do outro, Horácio virou-se bruscamente, esperou impassível o primeiro inimigo e, com um golpe de espada, deixou-o estendido na terra. Nesse momento, o segundo albanense alcançava-o, ofegante e cansado pelo ferimento. Horácio não teve dificuldade em matá-lo. Quanto ao terceiro, estava semimorto quando Horácio chegou até ele e pôs fim a seus sofrimentos. A cada inimigo que tombava, o exército romano lançava um grito de alegria. Quando Horácio se ergueu, único sobrevivente, e vencedor, houve um bramido triunfal, ao qual responderam os gemidos dos albanenses.

Túlio Ostílio aplicou a lei da guerra sem cerimônia. Alba, derrotada, foi arrasada; seus habitantes foram transportados para Roma e instalados perto do Aventino. A cidade de Alba, de onde saíra o sangue romano, foi riscada da face do Lácio.

Roma se tornara uma cidade bastante grande, e agora valia a pena reinar sobre ela. É por isso que, um dia, chegou ao reinado de Anco Márcio (que sucedera a Túlio Ostílio), um personagem singular, que pusera na cabeça a ideia de ser rei de Roma. Era um meio-etrusco, filho de grego imigrado de Tarquínia, a grande e rica cidade etrusca, vizinha de Roma, e de uma mulher etrusca. Não teve dificuldade em obter o apoio do povo e ser eleito. Com esse personagem, chamado Lúcio Tarquínio, eram o exotismo, o luxo e a riqueza que adentravam Roma. Chegavam também novos costumes políticos; mais do que nunca, o rei era, por excelência, o protetor dos humildes, dos artesãos, dos pequenos negociantes, que exerciam sua indústria em Roma. Como todos os etruscos, Tarquínio sabia da importância das relações comerciais. Roma, com ele, ampliava seu horizonte. Foi graças a ele e a partir de seu reinado que a influência etrusca começou a se exercer em Roma e que afluíram à Cidade os produtos da indústria grega, especialmente os vasos pintados que as oficinas de Corinto e de Atenas espalhavam pelo mundo mediterrâneo. Seu reinado também iniciou um verdadeiro plano de urbanismo. Acabou-se o tempo dos pastores e das cabanas. Começou-se a construir casas de pedra, pavimentar as praças, erguer templos. Os artesãos enriqueceram e viam crescer sua importância política, a ponto de provocar a inveja dos senadores, cuja fortuna repousava nos domínios agrícolas e eram avessos ao surgimento de uma classe abastada. Desse modo, não é de espantar que o rei Tarquínio logo tenha sido assassinado pelos "conservadores" latinos, que o acusavam de ser etrusco, ou seja, estrangeiro.

Tanaquil, a mulher de Tarquínio, consegue impor como rei o jovem Sérvio, aquele escravo que os deuses haviam designado para essa alta fortuna. E Sérvio, bem acolhido pelo povo, prosseguiu a obra de seu pai adotivo. Foi ele o primeiro a cercar Roma de uma muralha defensiva. Desenhou uma vasta fortificação, segundo o modelo das cidades etruscas e, a partir de então, Roma, abrigada por uma fortaleza de pedra de cantaria, pôde desafiar qualquer inimigo e servir de abrigo aos camponeses de toda a região. Essa muralha era tão ampla que permanecera até o fim da República como o limite de Roma; reerguida várias vezes, defendera a Cidade no tempo das guerras civis.

Roma deve ainda a Sérvio grandes reformas políticas. Até seu reinado, os cidadãos eram classificados em cúrias, que eram como paróquias, e a assembleia do povo reunia-se por cúrias. O domicílio determinava em que cúria estava-se inscrito. Sérvio pensou que seria mais hábil repartir os cidadãos em classes, segundo sua fortuna. O sistema das cúrias não podia ser admitido a não ser entre cidadãos praticamente iguais. Mas o desenvolvimento de Roma, os progressos do comércio e da indústria tinham provocado grandes desigualdades. Pareceu justo dar uma parte maior das responsabilidades políticas àqueles cuja atividade e riqueza contribuíam mais para o bem do Estado. As "primeiras classes", aquelas que compreendiam os cidadãos mais ricos, eram também aquelas cujos votos contavam mais nos dias de eleição e para a votação das leis. Roma tornou-se então um Estado plutocrático, e assim permaneceu até o fim.

Assim como Lúcio Tarquínio, Sérvio foi assassinado e substituído por outro Tarquínio – conhecido como "o Soberbo" por causa de seu orgulho. Este foi o último rei de Roma. Um escândalo acabou com o regime. Aparentemente, não foi mais do que uma "crônica policial": os jovens romanos estavam no exército; lá estavam Sexto Tarquínio, um dos filhos do rei, e o sobrinho deste, Lúcio Tarquínio Colatino. Os jovens, em sua tenda, louvavam os méritos de suas mulheres; a querela esquentou e, para pôr fim à discussão, decidiram ver o que faziam as senhoras, sozinhas em casa. Montados em seus cavalos, galoparam até a Cidade. Lá viram a mulher de Sexto Tarquínio festejando com amigos, comendo e bebendo sem moderação. Lucrécia, a mulher de Tarquínio Colatino, ao contrário, estava ocupada a fiar, entre suas servas. Vexado de ter sido desmentido dessa forma em suas fanfarrices, Sexto Tarquínio quis ter razão a qualquer custo. No dia seguinte, voltou à casa de Lucrécia, que o recebeu amavelmente e lhe deu hospitalidade. Depois, quando todos adormeceram na casa, Tarquínio entrou no quarto de Lucrécia e, apesar da resistência da jovem, desonrou-a e fugiu. De manhã, Lucrécia mandou chamar o marido e o pai, contou-lhes chorando a sua desgraça e, em seguida, tirou o punhal das vestes e enfiou-o no próprio coração. O Senado reuniu-se e discutiu a infâmia do jovem príncipe. Tarquínio Colatino voltou ao exército e provocou uma rebelião. O povo fechou as portas da Cidade. Perseguido ao mesmo tempo pelos soldados e pelos cidadãos, o rei Tarquínio foi obrigado a fugir e a pedir asilo a um de seus compatriotas, o rei etrusco de Chiusi.

Tal foi o fim da realeza em Roma: o ano 509 a.C. conheceu pela última vez, antes da instituição do Império, quatro séculos e meio mais tarde, um senhor soberano.

III

Conquistas e angústias

Sem demora, os senadores tomaram o poder. O povo, desorientado, indignado pelo escândalo no qual mergulhara a monarquia de Tarquínio, aceitou a instituição de um novo regime, que dava o essencial do poder à aristocracia camponesa dos "Pais". No lugar do rei, criaram-se dois "cônsules", eleitos por um ano. Esperava-se que os dois colegas se vigiassem mutuamente e não pudessem restaurar a realeza. Mas, por outro lado, os cônsules eram, por seus poderes e prerrogativas, os sucessores dos reis. Ostentavam suas insígnias; como eles, sentavam-se na cadeira *curul*, ornamentada com marfim (o que era um costume importado da Etrúria);

eram precedidos, na rua, quando estavam no exercício de suas funções, por doze lictores, robustos rapagões que levavam ao ombro um feixe de varas com um machado no meio: as varas e o machado simbolizavam o poder de vida e morte que os cônsules possuíam sobre todos os cidadãos.

Roma, libertada de seus reis, teve imediatamente de enfrentar uma crise gravíssima. Expulsando os Tarquínios, rompera voluntariamente as ligações com o comércio etrusco e, por conseguinte, com o resto do mundo. Refugiado em Chiusi, Tarquínio conseguiu que fosse organizada uma expedição destinada a devolver-lhe seu reino. Porsena, o rei dessa cidade, aceitou pôr suas forças a favor de Tarquínio, provavelmente com a intenção de abater o poderio romano, cuja expansão ininterrupta as cidades etruscas temiam. Os soldados acamparam na margem direita do Tibre. Roma foi cercada, e contam-se episódios dramáticos que teriam ocorrido durante o cerco. Um único soldado romano conseguira barrar, durante várias horas, o assalto dos etruscos sobre a ponte do Tibre – a única ponte, feita de uma estrutura de madeira montada com cavilhas – que dava acesso a Roma. Esse herói, que chamava-se Horácio

Cocles, foi bastante corajoso e hábil para impedir o avanço dos inimigos enquanto seus camaradas, com grandes machadadas, destruíam a ponte atrás dele. Quando a última viga caiu no rio, Horácio Cocles pulou armado na água e voltou à margem amiga. Graças a ele, os etruscos não puderam penetrar de surpresa na Cidade.

Porsena estava instalado na margem direita. Um dia, um romano se infiltrou entre as tendas e, com uma punhalada, abateu um oficial etrusco que confundira com o rei. Os guardas jogam-se sobre ele, amarram-no e arrastam-no até Porsena. Às perguntas do rei, afirma ser um dos soldados romanos que juraram matá-lo. Enganou-se de vítima, mas o erro é corrigível. Seus camaradas, amanhã ou depois, não se enganarão. E, para mostrar o pouco caso que fazia do sofrimento, o romano Múcio Sévola colocou voluntariamente o braço direito – aquele que "se enganara" da vítima – num fogareiro aceso, preparado para um sacrifício. Embora sua carne crepitasse, e um cheiro pavoroso se espalhasse por todo o acampamento, ele não se mexeu e deixou a mão culpada se consumir. Diz-se que, apavorado por tanta audácia e selvageria, Porsena apressou-se a levantar acampamento, pensando, com razão, que não acabaria facilmente com tal raça!

É possível que, na realidade, as coisas não tenham se passado tão bem para os romanos. É provável que a cidade tenha sido tomada pelos etruscos, mas os historiadores romanos conseguiram apagar completamente a lembrança desse episódio pouco glorioso do passado nacional. Podemos supor apenas que o início da República foi marcado por uma crise bastante longa, um empobrecimento de Roma e que sua expansão foi interrompida. As cidades latinas que haviam sido conquistadas aproveitaram as dificuldades de seu vencedor para recuperar a independência. Por um momento, os latinos se coligaram e opuseram um poderoso exército às tropas romanas. A batalha ocorreu na planície, no lago Regilo, e foi vencida pelos romanos, que tiveram ao seu lado dois combatentes divinos, os cavaleiros Castor e Pólux, filhos do próprio Júpiter. Mas a luta entre Roma e as cidades vizinhas continuou ainda por muito tempo. Foi preciso, para pacificar completamente o país, que os romanos instalassem por toda a parte colônias formadas por ex-soldados ou cidadãos que encontravam aí, à custa do povo submetido, terras e um lar. Roma cercou-se, pouco a pouco, de cidades-satélites que assinalavam seu império nascente.

Outras dificuldades, porém, dilaceravam a capital. A decadência do comércio e o empobrecimento geral haviam aguçado as lutas sociais, um conflito entre as diferentes classes que o novo regime tornava inevitável. Com a expulsão dos reis, fora decidido que os cônsules seriam escolhidos entre os patrícios, ou seja, nas famílias em que se recrutavam tradicionalmente os senadores. As outras categorias de cidadãos, os plebeus, não tinham direitos. A crise econômica os afetara de modo distinto: os patrícios, quase sempre proprietários abastados, não tinham sofrido muito; os plebeus, ao contrário, em sua maioria, perderam quase tudo. Haviam contraído dívidas e, como naquele tempo o dinheiro em espécie era raro, os devedores tinham de pagar juros consideráveis, a tal ponto que a soma dobrava em alguns meses. Nessas condições, como se livrar da dívida? Ora, o devedor insolvente se tornava propriedade do credor, que podia fazê-lo trabalhar como seu escravo ou vendê-lo longe de Roma, num país estrangeiro.

Em pouco tempo, a situação da maioria dos plebeus se tornou intolerável, e estes não possuíam nenhum meio legal de se fazer ouvir. Tentaram obter reformas, um pouco mais de justiça, um pouco mais de humanidade. Em vão. Os patrícios entrincheiraram-se na lei. Então, os plebeus organizaram uma espécie de greve geral. Recusaram-se a participar por mais tempo da vida de uma cidade que os tratava como párias: para eles, acabara o trabalho nos campos, nas oficinas, nas obras, não haveria mais nenhum plebeu nas assembleias, nem soldados no exército. E, para evitar qualquer risco de violência, o que certamente teria acontecido se tivessem ficado na Cidade, na presença de seus adversários, decidiram retirar-se até ver suas demandas atendidas. Fizeram "secessão" e instalaram uma espécie de vasto acampamento plebeu a quatro ou cinco quilômetros ao norte de Roma, no Monte Sacro.

Perplexos, os patrícios perceberam que estavam reduzidos à impotência. Roma estava acabada se não se conseguisse restabelecer a concórdia. Para acalmar a cólera dos plebeus, o Senado decidiu enviar-lhes um ancião muito sábio que lhes contou uma história:

História de Roma

Antigamente [disse-lhes ele] as diferentes partes do corpo tinham se revoltado contra o estômago, que elas acusavam de ser um tirano e um parasita. As pernas corriam todo o dia para encontrar comida; as costas vergavam-se com grande esforço para cultivar a terra; as mãos levavam alimentos à boca – e tudo isso para o maior proveito desse estômago preguiçoso que não sabia senão engolir tudo o que lhe davam? As pernas recusaram-se, então, a andar; as mãos, a carregar; os dentes, a mastigar e a goela, a engolir. O estômago veria o que é bom! Mas [continuou o velho orador] sabeis o que aconteceu? O estômago ficou com fome, isso é verdade, mas eis que as pernas se sentiram fracas, as mãos se descarnaram; o corpo inteiro perdeu o vigor, e os membros ficaram muito felizes de recomeçar a servir o estômago.

Os plebeus entenderam a moral da fábula. Mas, antes de retomarem seu papel na cidade, pediram garantias. Os patrícios tiveram de aceitar a criação de uma magistratura unicamente plebeia – chamada de tribunato da plebe –, que teria o poder de proteger os pobres dos ricos. Os devedores escravos foram libertos de seus credores, prometeu-se multiplicar as colônias e as divisões de terra. Em suma, em pouco tempo, tudo voltou à ordem, e os soldados romanos aceitaram continuar a montar guarda nas fronteiras e a submeter os rebeldes.

Com o retorno da concórdia entre os cidadãos, Roma pôde retomar sua política de expansão. O império, agora, alcançava os primeiros contrafortes do Apenino; as colônias estavam suficientemente fortes para conter a pressão dos montanheses, os équos e os hérnicos, que cercavam o Lácio a leste e a sudeste. Mas rumo ao norte a estrada das conquistas era bloqueada por uma cidade etrusca muito poderosa, há muito tempo uma rival perigosa. Para abater Veii foi preciso um cerco de dez anos, tão longo quanto o de Troia. Foi então que, pela primeira vez, a legião romana aprendeu a executar obras de campanha, aterros, e compreendeu que as batalhas se ganhavam com mais frequência com a pá e a picareta do que com a espada. Para penetrar por baixo da muralha da cidade, os romanos precisaram cavar galerias subterrâneas, protegendo-se, ao mesmo tempo, das contraminas do inimigo. Durante meses, os legionários permaneceram na trincheira, sob as muralhas. Era uma experiência nova. Até então, as guerras ocorriam apenas na estação propícia. O exército era reunido em março (durante o

História de Roma

mês consagrado ao deus da guerra), depois partia em campanha e voltava com a queda das folhas. Os soldados podiam velar por seus interesses, controlar o cultivo de seus campos e, por essa razão, não recebiam nenhum soldo.

Durante o cerco de Veii, como as operações continuaram mesmo durante o inverno, foi preciso resignar-se a pagar os soldados: a instituição do soldo foi exigida e imposta ao Senado por Camilo, que era o comandante em Veii. As tropas, agradecidas a seu chefe, superaram-se e, finalmente, Veii foi tomada. Camilo conseguira obter a cumplicidade dos deuses. A cidade etrusca tinha como protetora uma divindade poderosa, que se chamava Juno Rainha. Camilo prometera a essa deusa um templo magnífico na cidade de Roma se ela consentisse em abandonar os habitantes de Veii. Ele fizera essa promessa solenemente e, sem dúvida, a deusa dera uma resposta favorável, a si mesma, pois, pouco mais tarde, a cidade foi tomada. Então, para cumprir sua promessa, Camilo organizou uma procissão durante a qual a estátua de Juno foi retirada de seu templo, colocada num carro puxado por rapazes e moças, e todo o cortejo, no meio de cantos e danças, colocou-se em marcha para Roma. Deteve-se somente quando chegou ao Aventino, onde o Senado erguera um templo para acolher a deusa.

Mas nem todos os deuses tinham para com os romanos as boas disposições de Juno Rainha. Em breve, uma horrível catástrofe ia pôr à prova o povo e a Cidade.

Havia muito tempo que os gauleses haviam transposto os Alpes. Uma a uma, suas tribos haviam descido para as planícies da Itália, submergindo as populações instaladas no norte. A multidão se dirigia agora para o sul. No início do século IV antes de nossa era, uma dessas tribos, conduzida por um chefe chamado Breno, penetrou na Itália central e, passando por Chiusi, chegou ao curso inferior do Tibre. Os romanos, que já tinham sido avisados da presença inimiga, concentraram um exército ao norte de Roma, num pequeno riacho denominado Allia, porém, em consequência de uma manobra errada, não puderam deter Breno. A legião debandou, e os gauleses, não vendo mais nenhum soldado à sua frente, continuaram até Roma. Quando chegaram ao pé das muralhas, não havia ninguém para defendê-las. Todos os

History de Roma

homens válidos tinham sido enviados a Allia. Nem o menos se teve o cuidado de fechar as portas. Desconfiados, os gauleses detiveram-se. Passaram a noite acampados ali, pois temiam alguma armadilha; mas como nada acontecera, penetraram na Cidade ao chegar o dia. Os habitantes tinham se reunido no Capitólio, na cidadela, com os poucos homens armados que restavam. Curiosos, os gauleses passearam por toda a parte, entrando nas casas abandonadas, percorrendo as ruas, visitando os templos. Alguns senadores, idosos demais para pegarem em armas, permaneceram em casa, esperando o invasor. Vestidos com a toga, estavam instalados no vestíbulo. Um gaulês, encontrando um desses velhos, sentado, imóvel, na sua cadeira *curul*, acreditou que se tratava de uma estátua; aproximou-se e, sem mais cerimônia, puxou-lhe a barba. O senador, furioso com esse ultraje, deu-lhe uma forte paulada na cabeça. O gaulês respondeu com um golpe de espada. Foi o sinal para o massacre. Todos os que não encontraram asilo na cidadela foram degolados em alguns instantes.

Em seguida, durante longos dias, o Capitólio ficou cercado. Uma vez os gauleses tentaram escalar a colina, protegidos pela escuridão. Haviam feito tão pouco barulho que nem os cães de guarda tinham ouvido; seu ataque repentino ia dar certo quando, de repente, as gansas sagradas, criadas no santuário de Juno, foram despertadas e puseram-se a gritar. Foi dado o alarme. Ainda era tempo. Os soldados acudiram aos postos de alerta; os primeiros inimigos já punham o pé na plataforma. Mas os romanos arremeteram e fizeram-nos cair pesadamente sobre os camaradas que se içavam atrás deles. Em suma, o ataque fracassou. Mas os mantimentos se esgotavam, e a resistência romana não podia durar mais. Sob a pressão dos soldados, os chefes precisaram iniciar negociações, aceitar a ideia de se render, perguntar as condições de Breno. Este pediu ouro, muito ouro, e prometeu poupar a vida dos combatentes. No dia combinado, os oficiais romanos saíram da cidadela, acompanhados de escravos, carregando o metal do resgate. A pesagem começou, e quando se chegou ao peso fixado, Breno jogou sua espada no prato da balança, exigindo que se acrescentasse o ouro suficiente para restabelecer o equilíbrio. Como os romanos protestaram, ele

História de Roma

disse: "Vencidos desgraçados!". Foi preciso obedecer. Fartos de ouro, saciados de butim, os gauleses consentiram, por fim, em deixar Roma e retomar o caminho do norte.

Os romanos asseguram que eles não foram longe; Camilo, então no exílio, conseguiu reunir um exército de socorro nas cidades aliadas de Roma, também inquietas com o perigo gaulês, e atacou os gauleses em seu refúgio, vencendo-os. Seja como for, Roma tivera medo; estivera a dois dedos da perda e compreendera que as muralhas mais sólidas nada são quando não há mais braços para defendê-las. Roma saiu da guerra arruinada, com boa parte das casas queimadas ou destruídas, e sua honra perdida. Assim os gauleses inspiraram aos romanos um medo duradouro. Durante séculos, bastou que se pronunciasse esse nome para que todo o mundo corresse às armas. Apenas César pôs fim ao pesadelo, anexando ao Império, muitas gerações mais tarde, o país de onde tinham vindo aqueles saqueadores de longas espadas, que nada detinham em seu avanço.

IV

Rumo à descoberta do sul

Roma poderia ter perecido com a catástrofe gaulesa. Muitos cidadãos estimavam que até o local era maldito, já que os deuses tinham permitido a tomada da Cidade sagrada. Cogitaram transportar Roma para outro lugar e, como acabavam de tomar Veii, pensaram em se instalar lá. Mas o patriotismo de Camilo se opôs a esse abandono. O Senado decidiu que Roma seria reconstruída; logo, os danos foram reparados e os templos ressurgiram mais magníficos do que nunca. Roma retomou seu desenvolvimento.

As cidades gregas da Itália meridional, outrora prósperas, pouco a pouco foram conquistadas pelos montanheses vindos dos Apeninos. Mas as populações locais não suportavam o estado de dependência em que se encontravam. Os "cavaleiros" – ou seja, os nobres e os grandes proprietários – de Cápua, para assegurar sua dominação, recorreram a Roma. Foi o início de uma longa série de guerras, conhecidas como "guerras samnitas". Elas opuseram os exércitos romanos às populações "itálicas" do Apenino central e meridional. O nome "samnita" se deve ao fato de que os principais adversários dos romanos foram os habitantes de Samnium, o maciço montanhoso que se erguia como uma tela entre Roma e Campânia, de um lado, e entre Roma e a vertente adriática, de outro.

Essas populações não eram da mesma raça dos romanos. Falavam outra língua, parente do latim, mais "prima" do que "irmã". Não haviam conhecido no mesmo grau que os romanos a influência da civilização etrusca e do comércio marítimo. Os samnitas viviam dispersos na montanha, espalhados entre pequenos vilarejos ou herdades isoladas. Não haviam formado verdadeiras cidades, sua organização política permanecera mais rudimentar. Mas esses camponeses eram vigorosos, cheios de determinação e de astúcia. Suas fileiras se refaziam após a passagem de cada exército romano. As diversas tribos, quase sempre rivais entre si, aprenderam a se unir contra Roma – então um inimigo comum – e, finalmente, infligiram-lhe uma derrota memorável.

Os dois cônsules romanos, imprudentemente, tinham se lançado com seu exército em perseguição de um inimigo inalcançável, na região de Benevento. E uma manhã, quando quiseram retomar a marcha, perceberam que os samnitas ocupavam os espigões do desfiladeiro onde eles mesmos se encontravam; atrás deles, a estrada estava cortada; diante deles, havia desmoronamentos de rochas quase intransponíveis. Finalmente, os dois cônsules precisaram aceitar as condições do inimigo para salvar a vida de seus soldados. Os samnitas contentaram-se em desarmar os romanos e fazê-los passar "sob o jugo", ou seja, sob uma porta grosseiramente fabricada com três lanças. Atravessando o jugo, o homem perdia a qualidade de soldado. Era-lhe moralmente impossível voltar a lutar. Para os romanos, era uma humilhação sem precedentes.

O Senado foi obrigado a aceitar esse armistício humilhante, mas recusou-se a pedir a paz. Recrutaram-se outras legiões, modificou-se seu armamento e a maneira de combater, ganharam mais mobilidade. Alguns anos mais tarde, a situação se invertia e um exército romano apoderava-se da principal cidade da confederação samnita, Bovianum. Tarde demais, os outros povos do interior tentaram socorrer os samnitas. Com algumas campanhas, os romanos tornaram-se senhores de toda a Itália, da Toscana às Marcas, do Mar Tirreno ao Adriático. Estabeleceram colônias ao longo das vias naturais, construíram estradas que se irradiavam a partir da capital. Desde então, repete-se sempre que "todos os caminhos levam a Roma".

Dissemos que a maioria das colônias gregas do sul havia sido conquistada, há muito tempo, pelos montanheses do Apenino, sem que Roma interviesse. Restava, porém, uma última grande potência de língua e civilização grega, entrincheirada no fundo da península, derradeiro vestígio do que fora a "Magna Grécia". Essa grande potência semidecaída era a cidade de Tarento, orgulhosa de sua riqueza, da fertilidade de seu território e da prosperidade de seu comércio marítimo. Como todas as cidades gregas, Tarento não se entendia bem com suas vizinhas. Quando outra colônia grega da região, Thurium, foi ameaçada por um ataque externo, foi a Roma que recorreram, e não a Tarento. Os romanos, mais do que felizes de poderem imiscuir-se nos assuntos de uma cidade grega, aceitaram proteger Thurium e enviaram uma frota para a região. Mas os tarentinos ficaram irritados, consideraram que a vinda dessa frota para a vizinhança de sua cidade era uma provocação intolerável. Sem outra explicação, atacaram os navios e afundaram quatro. Era a guerra.

Ao tomarem a decisão de afundar os navios romanos, os tarentinos não refletiram muito. Cederam a uma irritação, mas ficaram bem embaraçados quando se tratou de tomar as medidas militares necessárias. Eles mesmos, adormecidos por uma longa paz, não tinham nenhuma vontade de pegar no escudo, no capacete ou na couraça; preferiam passar os dias a assistir às tragédias e comédias representadas em seus teatros. Assim, pediram ajuda a um soldado profissional, o rei Pirro, que reinava em Épiro, na outra margem do Mar Jônico.

Pirro era um personagem extraordinário, um daqueles reis que tinham crescido à sombra das façanhas de Alexandre, de quem era parente próximo. Quando os tarentinos recorreram a ele, Pirro não hesitou. A ambição devorava-o e ele sentiu a esperança de obter um império na Itália. Chegou à frente de um exército "moderno". Instruído pelas campanhas dos reis do Oriente, constituíra, imitando-os, uma "cavalaria" pesada, formada por elefantes. Quando os romanos viram aquelas enormes massas atacarem suas linhas, assustaram-se; durante algum tempo, resistiram e infligiram perdas terríveis às tropas de Pirro, mas finalmente foram obrigados a recuar. No ano seguinte, em uma segunda ocasião, Pirro lançou mão de seus elefantes, mas com menos sucesso. A vitória obtida nesse dia foi paga tão caro que ele tentou negociar. Seu secretário particular, o filósofo Cineas, foi despachado a Roma e apresentou ao Senado, com muita habilidade, propostas de paz. Seduzidos num primeiro instante, os senadores iam ceder, quando o mais venerável deles, Ápio Cláudio, o Cego, tomou a palavra e mostrou que seria escandaloso tratar com um inimigo instalado na Itália. Envergonhados,

História de Roma

os senadores submeteram-se a sua opinião, e as propostas de Pirro foram rejeitadas.

Pirro, naquele momento, não prosseguiu com a guerra. Chamado à Sicília pelos siracusanos, que queriam utilizá-lo contra seus inimigos tradicionais, os cartagineses estabelecidos no oeste da ilha, deixou-se tentar pela aventura. Mas, como todos os estrangeiros que se imiscuíram nos assuntos da Sicília, Pirro foi iludido. As cidades não lhe deram o apoio prometido, e a aventura acabou repentinamente. O rei voltou à Itália para levar a diante seu primeiro sonho. Encontrou os romanos bem preparados para recebê-lo. Os elefantes não trouxeram a decisão desejada. Pirro foi vencido em Benevento e, desalentado, abandonou definitivamente a Itália. Alguns anos mais tarde, em 227 a.C., Tarento capitulava. Dali em diante, Roma era senhora de toda a península italiana, até a ponta da "bota".

*

Durante essa longa sequência de guerras, Roma evoluíra. As concessões outrora arrancadas pelos plebeus aos patrícios haviam aberto uma brecha na velha constituição e na velha ordem social. Pouco a pouco, os plebeus adquiriram os mesmos direitos dos patrícios. Os casamentos entre as classes, proibidos durante muito tempo, acabaram sendo autorizados. Os plebeus podiam ser não só tribunos e "edis" (magistratura colocada sob a dependência dos tribunos, que tinham aí auxiliares para as tarefas da administração), como foram em pouco tempo admitidos à pretoria e, poucos anos mais tarde, ao consulado.

A velha magistratura que substituíra a realeza se dividira e à medida que crescia o Império de Roma, com as guerras cada vez mais longas e longínquas, era preciso um número maior de magistrados para gerir os negócios. Um cônsul que passava longos meses no exército não podia mais julgar cotidianamente no Fórum. Por isso criaram-se pretores, que os substituíam nessas funções. Ao lado dos cônsules, ainda, colocaram-se questores, jovens magistrados responsáveis pelas finanças. Eram os questores que pagavam o soldo das tropas, e os fornecedores recebiam as contribuições de guerra e vendiam o butim em benefício do tesouro. Desse modo, os cônsules ficavam mais livres para se dedicar aos assuntos

História de Roma

verdadeiramente importantes. Acima do consulado formou-se outra magistratura, que era confiada a ex-cônsules, personagens particularmente veneráveis. Eram chamados "censores". Estes eram encarregados de velar pela hierarquia e a ordem moral da cidade. Estabeleciam, de cinco em cinco anos, a lista do Senado, e sua decisão era sem recurso. Podiam riscar quem quisessem, por qualquer razão; quase sempre, usavam seu poder para excluir os indignos, os senadores que haviam causado algum escândalo ou não se conformavam com as tradições do Estado. Os censores também conduziam as cerimônias religiosas, especialmente a "purificação" do Estado, no curso de um sacrifício solene que marcava o fim de sua magistratura.

Essa multiplicação das magistraturas explica, em boa parte, que se tenha recorrido aos plebeus para a administração do Estado. Cada vez mais se precisava de mais homens, e os patrícios não bastavam para tudo. Essa política teve um resultado favorável: os cidadãos romanos adquiriram o sentimento de participar mais plenamente da vida do país. Seu patriotismo foi reforçado e essa é, sem dúvida, uma das principais razões que permitiram a Roma atravessar vitorio-samente a crise pavorosa que a esperava após suas vitórias sobre Pirro.

V

O DUELO COM CARTAGO

Na costa africana do Mediterrâneo fora fundada, um pouco antes de Roma, uma cidade chamada Cartago – a Nova Cidade, na língua fenícia. Dizia-se que seu nascimento se devia a uma princesa de Tiro, denominada Dido que, por causa de problemas em seu país, fora forçada a procurar fortuna em outra parte. Dido viajara com alguns companheiros e, encontrando uma costa acolhedora perto da atual Túnis, comprara do rei nativo algumas jeiras de terra para estabelecer uma cidade. Rapidamente, Cartago adquirira imensa prosperidade. Os fenícios que a haviam fundado eram hábeis comerciantes, haviam mantido relações comerciais com os negociantes da Síria e possuíam navios capazes de assegurar um trânsito regular entre Cartago e o Oriente. Essas mercadorias, joias, móveis valiosos, tecidos bordados e tingidos de púrpura, eles as trocavam com as populações nativas do interior do país, que pagavam com ouro em pó, presas de elefantes (os elefantes eram então numerosos na África do Norte, onde as florestas ainda não haviam sido destruídas), madeiras preciosas, peles, cavalos.

Não foi preciso muito tempo para que Cartago se tornasse incontestavelmente a senhora de todo o comércio africano. Seus conquistadores não hesitavam em penetrar profundamente rumo ao oeste ou em defrontar as areias do deserto. Orgulhosos de suas descobertas, concordavam em manter secretas as rotas comerciais. Os navios estrangeiros surpreendidos pelos cartagineses nas águas proibidas eram afundados sem piedade. Assim, pouco a pouco, toda a bacia ocidental do Mediterrâneo foi se tornando um lago cartaginês, provido de numerosas bases, de feitorias, de estaleiros para a reparação dos navios. Na África, os cartagineses penetraram no interior e esforçaram-se em explorar os territórios

História de Roma

conquistados. Criaram vastas propriedades onde cultivavam trigo, oliveiras e videiras. A agricultura cartaginesa era uma das mais "científicas" do mundo.

Nas mãos de grandes proprietários, ela se tornara fonte de riquezas. O trabalho da terra era deixado a cargo de tropas de escravos, vigiados por impiedosos contramestres – sistema "capitalista" esse bem diferente daquele que se encontrava na Itália, entre os romanos, onde os senhores trabalhavam, eles mesmos, na propriedade e, por vezes, ainda pegavam na rabiça do arado. A agricultura cartaginesa tinha seus teóricos, em particular, um engenheiro chamado Magon, que deixou um célebre tratado. Esse documento, traduzido em várias línguas, chegou a Roma e serviu de manual aos grandes proprietários que, no século II a.C., substituíram pouco a pouco os pequenos camponeses.

Cartago, sustentada por sua riqueza, sua marinha, suas feitorias longínquas, pretendia ditar a lei no Mediterrâneo ocidental. Aliada aos etruscos, tentara outrora proibir aos colonos gregos de Marselha o comércio que eles mantinham com tribos da Gália e da Espanha. Nos primeiros tempos da República romana, Cartago obtivera um tratado pelo qual os romanos se comprometiam a não penetrar na Sicília nem na Sardenha. Quando o assinaram, os romanos não suspeitavam de que isso causaria uma sequência de três guerras que, embora tenham colocado em risco sua cidade, seria, por fim, a origem de sua maior fortuna.

Isso começou com um assunto banal. Um bando de mercenários, outrora a serviço dos tiranos de Siracusa, na Sicília, tomou a cidade grega de Messina, e lá se ocupou com mil pilhagens. Hieron de Siracusa tentou detê-los. Para combatê-los, os habitantes de Messina recorreram a um exército cartaginês, que ocupou a cidade. Mas, pouco depois, eram os cartagineses que se tornaram insuportáveis; e os mesmos habitantes de Messina chamaram os romanos para que os livrassem dos novos ocupantes. Era o ano 264 a.C. Aos senadores romanos, não agradava a ideia de montar uma expedição que, como bem sabiam, abriria um conflito com Cartago. Mas a assembleia do popular, que via a Sicília como uma terra de prestígio, rica em trigo, em tesouros de todo tipo, e que esperava tirar grande lucro de uma conquista na ilha, impôs a intervenção. Um exército foi posto em campanha, improvisou-se uma frota e os romanos, de surpresa, apoderaram-se de Messina, de onde expulsaram os cartagineses.

O Senado de Roma aceitou o desafio. No ano seguinte, um exército cartaginês desembarcava na Sicília, os sucessos e os revezes se alternavam, conforme as cidades gregas se aliassem a um ou outro partido. A verdadeira força de Cartago estava no mar. Os romanos compreenderam esse traço dos inimigos e fizeram um enorme esforço para armar frotas que conseguiram paralisar as do adversário. Roma teve a impressão de dominar o mar, a tal ponto, que não hesitou em montar uma grande expedição contra a própria Cartago. Embarcaram 150 mil homens, sob as ordens do cônsul Atílio Régulo. Apesar da intervenção dos cruzadores cartagineses, esse exército aportou na África, no cabo Bon e, imediatamente, obteve vitórias, com o apoio dos nativos, os númidas, prontos para se revoltarem contra os opressores cartagineses. Mas, de novo, a situação se inverteu. O Senado cartaginês chamou um mercenário grego, denominado Xantipo, para organizar o exército. E a iniciativa teve tanto sucesso que os romanos foram esmagados e precisaram recuar até o cabo Bon para não serem lançados ao mar. Lá, esperaram que uma frota de socorro viesse resgatá-los. Mas Régulo fora feito prisioneiro pelos cartagineses. E, como a guerra se prolongava na Sicília, onde os exércitos sofriam, de ambas as partes, enormes perdas, o Senado de Cartago quis se servir de seu prisioneiro para obter a paz. Régulo foi enviado a Roma a fim de apresentar a seus compatriotas as propostas do inimigo; fizeram-no, antes de partir, prestar o juramento de voltar espontaneamente se as negociações fracassassem. Em Roma, Régulo falou contra a paz, expôs as razões pelas quais acreditava numa vitória total de Roma. Depois, quando obtivera a decisão do Senado, tranquilamente, retomou o caminho de Cartago, sabendo muito bem o que o esperava. Os cartagineses cortaram-lhe as pálpebras e, por toda espécie de meios, impediram-no de dormir até que ele morresse de esgotamento.

No fim, foi a obstinação romana que triunfou em Cartago. Os navios romanos eram afundados, os arsenais construíam outros. Iniciado um cerco, os romanos só se retiravam quando a cidade era tomada. Os cartagineses deviam mandar para a Sicília, único campo de batalha desde o fracasso de Régulo, reforços atrás de reforços, que os romanos se esforçavam por interceptar. E esse jogo durou até o dia em que um general romano, Lutácio Cátulo, teve a sorte de surpreender uma forte esquadra inimiga carregada de provisões e a presença de espírito de atacá-la, enquanto ela, pesada, não conseguia manobrar. Nessa batalha das ilhas Égatas, em 241 a.C., Lutácio afundou cinquenta navios inimigos e tomou setenta. O golpe foi tão violento que Cartago pediu paz, logo concedida. Era o fim da presença cartaginesa na Sicília.

Mas a guerra entre Cartago e Roma apenas começava. A hora da *revanche* foi retardada por uma revolta dos mercenários de Cartago, soldados vindos de todos os pontos do mundo. Pois os ricos mercadores de Cartago não iam para a guerra: pagavam mercenários, e não faltavam aventureiros, ao longo da costa do Mediterrâneo, atraídos pela isca do soldo. Terminada a guerra, os cartagineses, aos quais Roma impusera pesada contribuição, supuseram que era possível recuperar uma parte de suas perdas suspendendo o pagamento dos soldos atrasados aos mercenários. Estes, muito descontentes, revoltaram-se e, com a ajuda dos nativos, cercaram a cidade. O alerta foi eloquente. Cartago não tinha praticamente nenhuma força para contê-los. Entretanto, Amílcar, o chefe do partido militar, que obtivera vitórias na guerra contra Roma, conseguiu alistar todos os cidadãos válidos e formar uma tropa que treinou cuidadosamente. Depois, pôs-se em campanha e, com hábeis manobras, levou o grosso dos revoltosos até um desfiladeiro, onde os deixou morrer de sede.

Roma, entretanto, aproveitava as dificuldades de sua inimiga e ocupava – o que não estava absolutamente previsto no tratado – a Sardenha e a Córsega, onde os cartagineses possuíam bases e tinham grandes interesses. Com o mesmo ímpeto, Roma terminou a ocupação da Itália, voltando-se para o norte, que estava ainda nas mãos dos ligúrios (na região de Gênova) ou dos gauleses (na Lombardia e até o Vêneto). Dos Alpes à Sicília, a península e seus anexos insulares pertenciam doravante ao povo romano.

Amílcar, em Cartago, não se resignava à derrota e media os progressos incessantes de Roma, que se tornava de fato a maior potência do Ocidente. Se Cartago não quisesse morrer asfixiada, precisava reparar suas perdas e tentar, por todos os meios, deter a expansão romana. Amílcar acreditou achar a solução empenhando as forças de sua pátria na conquista do último país do Ocidente ainda disponível. Obteve do Senado de Cartago um exército suficiente para realizar seus projetos e preparou-se para estabelecer na Espanha um império púnico. Tinha consigo o genro e os três filhos, entre os quais o jovem Aníbal. Todos haviam jurado diante do grande deus de Cartago, Baal, vingar a derrota e aniquilar o inimigo romano.

Amílcar foi assassinado alguns anos mais tarde; o genro, que lhe sucedeu, teve o mesmo destino após oito anos de comando. Aníbal, então, assumiu a chefia. Tinha 26 anos e uma vontade inflexível de acabar com Roma. Seu primeiro ato foi um desafio: atacou a cidade de Sagunto, que era protegida pelos romanos e se encontrava numa reconhecida zona de influência deles. Roma protestou junto ao governo cartaginês, mas os amigos de Aníbal fizeram que o protesto fosse rejeitado, e a guerra foi declarada.

Aníbal se preparara. Formara um exército sólido, com espanhóis e africanos, sem nenhum mercenário. Com seus guerreiros, subiu a costa espanhola e atravessou os Pireneus, ajudado pelas tribos nativas que temiam a potência cartaginesa. Mas foi mais difícil penetrar em território gaulês. Os nativos eram menos dóceis, estavam, em geral, submetidos à influência de Marselha, aliada dos romanos e, por princípio, adversária de Cartago. Contudo, Aníbal forçou a passagem, atravessou o Ródano na confluência do Isère e começou a subir as encostas dos Alpes. Os exércitos romanos, desembarcados em Provença, ainda o esperavam quando ele já se encontrava na vertente italiana. Não se sabe exatamente que caminho Aníbal seguiu; passou, talvez, pelo desfiladeiro do Monte Genevre. Seja como for, encontrou, durante a marcha, muitos obstáculos. Teve grande dificuldade de conduzir os elefantes. Diz certa lenda que ele precisou executar grandes obras durante o trajeto; para desobstruir uma pista encoberta por rochas, ele teria ateado fogo nas pedras e, depois, derramado vinagre sobre as rochas superaquecidas, desagregando-as.

Na Itália, Aníbal encontrou aliados nos gauleses do Piemonte, cujo território havia sido recentemente anexado por Roma, e por isso foram receptivos aos inimigos de seus vencedores. Sucessivamente, dois exércitos romanos se opuseram a Aníbal; ele varreu a ambos. O primeiro, na linha do Ticino; o segundo, na Trebia. Aníbal era senhor da Gália Cisalpina, o primeiro "compartimento" da Itália peninsular.

O segundo ato foi representado em país etrusco, às margens do lago Trasímeno, onde fora concentrado o exército do cônsul Flamínio, um plebeu que estava muito orgulhoso de exercer tão importante comando. Isso lhe tirou toda a prudência; foi surpreendido nas margens do lago, numa manhã de nevoeiro. Todo o seu exército foi massacrado; ele pereceu com os outros. Parecia que Roma estava à mercê de um ataque repentino.

Mas Aníbal encontrava um país cada vez mais hostil à medida que avançava pela Itália. As cidades fechavam-se diante dele, recusando-lhe provisões. Ele pensara que os aliados de Roma teriam prazer em se subtrair a suas obrigações e se juntariam a ele. Nada disso ocorreu. Os aliados permaneceram fiéis, enquanto os soldados que ele mesmo recrutara na Gália Cisalpina se cansavam e desertavam um a um. O Senado de Cartago recusou-lhe reforços.

E, ao mesmo tempo, o de Roma mobilizava todos os recursos do Estado para fazer frente ao perigo.

Adiando o ataque direto da cidade, Aníbal desviou sua marcha para o Adriático. Queria ganhar tempo e refazer-se num país recentemente anexado por Roma e, por conseguinte, menos fiel. Nesse meio-tempo, o Senado escolheu, para dirigir a guerra, um ditador com plenos poderes, um tal de Fábio, de grande reputação, que inaugurou uma nova tática. Em vez de recomeçar as duras experiências das batalhas campais, planejou utilizar a estratégia da "terra arrasada". Diante de Aníbal, destruía-se tudo, colheitas, vilarejos; deixavam-se apenas as cidades solidamente abrigadas atrás das muralhas. Além disso, assediava-se o inimigo, atacando os retardatários, as corveias de aprovisionamento, os destacamentos que se podiam vencer facilmente. Desse modo, o inimigo desgastava-se, sem poder se refazer, e o tempo "trabalhava para Roma".

Esta tática foi empregada durante algum tempo, mas os tenentes de Fábio cansavam-se, e o próprio povo também. Fábio foi sacado do comando e dois cônsules o

História de Roma

substituíram. Logo, um deles, o plebeu Terêncio Varro, que dispunha do melhor exército de Roma, investiu imprudentemente contra grande parte das forças de Aníbal, e, na planície de Cannes, nas margens do Aufides (um riozinho costeiro que se joga no Adriático), ocorreu uma imensa luta. O exército de Aníbal era inferior em número, mas o gênio de seu general, que soube utilizar a cavalaria para executar uma vasta manobra de cerco, acabou com a bravura dos adversários. Metade do exército romano foi aniquilada. Os que sobreviveram conseguiram fugir e, em debandada, procuraram refúgio na capital. Os resultados obtidos por meses de prudência e de paciência estavam gravemente comprometidos. Desta vez, a situação parecia desesperadora. As cidades aliadas do sul trocavam de campo e se alinhavam, em massa, com o vencedor. Aníbal, por um instante, pensou em marchar para Roma. Poderia tê-lo feito com chances reais de tomar a cidade. Mas talvez imaginasse que não tinha um exército capaz de aguentar as lentidões de um cerco que adivinhava ser muito forte... Talvez temesse que, se empenhasse todas as suas forças contra Roma, as outras cidades italianas, desprovidas de toda guarnição cartaginesa para vigiá-las, poderiam revoltar-se e apunhalá-lo pelas costas... Seja como for, depois de Cannes, Aníbal contentou-se em devolver sem resgate os prisioneiros das cidades aliadas de Roma e foi instalar-se em Cápua, de onde manteria sob domínio o sul da península.

Os romanos faziam um esforço gigantesco. Conseguiram, à custa de grandes sacrifícios, formar dois exércitos. Mas evitaram colocá-los diretamente em combate com o inimigo vencedor. Enviaram um para a Sicília, para assegurar o abastecimento, e o outro, para a Espanha, a fim de atingir o coração do império cartaginês. Essa estratégia funcionou admiravelmente. Em menos de dois anos, o exército da Sicília retomou Siracusa, após um cerco muito duro (era o grande matemático Arquimedes que organizava a defesa, e as máquinas que ele inventava criavam sérias dificuldades aos soldados romanos). Mas, sobretudo, o exército da Espanha obteve várias vitórias sobre Asdrúbal, o irmão de Aníbal que ficara no país para recrutar reforços e assegurar a ordem. Encorajada por esses resultados, Roma aproveitou um momento em que

História de Roma

Aníbal se afastara de Cápua para retomar a cidade, que foi inteiramente destruída – merecido castigo por sua traição.

Os dois generais romanos que comandavam na Espanha foram, porém, mortos com poucos dias de intervalo. Para substituí-los, um jovem se lançou – filho e sobrinho dos defuntos. Embora já tivesse provado seu valor no campo de batalha, várias vezes, ainda não tinha a idade legal para exercer uma magistratura. Mesmo assim, já adquirira tal prestígio que foi designado e partiu para a Espanha a fim de restabelecer a situação, comprometida pela morte dos dois chefes romanos.

Mal chegara à Espanha, Cipião obteve importante sucesso. O exército romano cercava a cidade de Cartagena (a "Nova Cartago"). Fazendo seus soldados acreditarem que era protegido por Netuno, ele levou-os através de uma laguna, cuja água descia como por milagre e tomou a cidade de assalto. Não conseguiu, porém, impedir Asdrúbal de tomar, com um exército de socorro, a estrada dos Pireneus e penetrar na Itália para se reunir a Aníbal. Mas, desta vez, a sorte estava do lado de Roma. Os emissários enviados por Asdrúbal ao irmão caíram nas mãos dos romanos. Imediatamente, os dois cônsules reuniram secretamente suas forças e impediram Asdrúbal de passar. O exército cartaginês foi vencido, e Aníbal soube do desastre vendo em seu próprio acampamento rolar a cabeça do irmão, que os romanos lhe enviaram, triste mensagem que punha fim ao sonho do cartaginês.

Logo que Cipião retornou da Espanha, foi encarregado de dar o último golpe em Cartago. Confiaram-lhe o cuidado de organizar um desembarque na África. E, quando ele conseguiu fincar pé na região de Útica, os cartagineses voltaram a chamar Aníbal, que permanecia inativo no sul da Itália, ainda temível, porém incapaz de tomar a ofensiva. Os dois generais ficaram frente a frente no campo de batalha de Zama, no centro da Tunísia. O combate foi terrível, mas, apesar de todos os esforços de Aníbal, Cipião venceu e ditou suas condições a Cartago... Cartago não foi destruída – não ainda –, mas encerrada em suas possessões na África. Roma lhe proibia possuir qualquer terra na Europa. Ela devia entregar quase toda a sua frota de guerra e pagar pesado tributo.

Aníbal tentou, por algum tempo, restabelecer a ordem em sua pátria, mas foi vítima das manobras dos adversários e obrigado a exilar-se. Partiu em segredo para a Síria, pediu asilo ao rei Antíoco, que o fez, de bom grado, seu conselheiro político. Mas o ódio dos romanos perseguiu-o até lá. Quando Antíoco foi vencido, anos mais tarde, eles exigiram que lhes entregassem Aníbal. Este, prevendo tal pedido, refugiara-se mais longe, na corte do rei de Bitínia. Os embaixadores romanos foram lá buscá-lo e, para não cair nas mãos deles, Aníbal envenenou-se. Tinha 67 anos e, desde a infância, tentara com todas as suas forças e por todos os meios abater Roma.

A segunda guerra púnica permaneceu como um pesadelo na lembrança dos romanos. Fora um duelo de morte entre eles e o chefe cartaginês. Este não hesitara em mobilizar contra a Cidade, que odiava, todos os recursos da África, da Espanha e o que pudera dos da Itália. Tentara mesmo por um momento fazer intervir o rei da Macedônia, Filipe, que dominava a Grécia. Os romanos tiveram que defender-se por todos os lados ao mesmo tempo. Várias derrotas os tinham colocado a dois dedos da perda, mas, em vez de ceder, haviam reagido com tanto vigor que suas forças tinham crescido a cada vez; sua reputação ultrapassara os limites da Itália. Depois de Zama, todos os olhares estavam voltados para Roma, para esse Senado que podia, de um dia para o outro, tornar-se o árbitro do mundo.

VI

Os horizontes desmedidos

Os despojos de Cartago faziam de Roma uma grande potência econômica: todo o comércio do Mediterrâneo ocidental caíra em suas mãos, e "negociantes" italianos substituíram os cartagineses em toda a parte. Além disso, Roma tornou-se a dona das minas da Espanha, que forneciam chumbo, prata, cobre e ouro em abundância. Novos mercados se abriam à sua agricultura. Roma podia "digerir" suas conquistas tranquilamente e empreender a restauração do Estado, abalado pela guerra. As terríveis angústias que conhecera tinham deixado cicatrizes profundas. O povo, cuja fé nas divindades nacionais fora abalada – estas haviam permitido as derrotas –, voltava-se cada vez mais para as superstições estrangeiras. O próprio Senado dera o exemplo, acolhendo deuses orientais e permitindo práticas gregas. A velha disciplina, a velha moral estava abalada. Via-se um jovem herói, Cipião, quebrar todas as regras tradicionais. Ele se dizia filho de Júpiter e ia de bom grado ao templo do deus, no Capitólio, buscar inspiração. Nada era mais perigoso numa cidade onde se tentava, desde o tempo dos reis, persuadir todos os cidadãos de que nenhum deles era insubstituível, que cada magistrado era apenas o depositário do poder do Estado, que o ultrapassava infinitamente. Roma começava a convencer-se de que, por mais asneiras que cometesse, um salvador providencial viria resgatá-la. E esse salvador seria um soldado, um general vencedor, protegido pelos deuses... Começavam já a despontar os primeiros sinais da evolução que conduzirá a cidade da República ao Império.

Roma, vitoriosa e forte, rica, também, pretende desempenhar no mundo um papel à sua medida. Se os senadores mais sensatos temem as aventuras longínquas, uma espécie de vertigem toma conta dos

História de Roma

outros. As intrigas de Aníbal imiscuíram o rei da Macedônia nos assuntos italianos. Roma, para evitar o perigo, precisou enviar embaixadores à Grécia e tomar partido nos assuntos das cidades, das ligas, dos reinos que então dividiam o país. E, uma vez que se inicia esse jogo terrível da política e da diplomacia, é bem difícil desembaraçar-se. Passo a passo, começa-se a estender a ambição, quer-se, muito naturalmente, favorecer os amigos, punir os inimigos e, no fim, são todas as forças do Estado que se acham comprometidas. Foi assim que, menos de dez anos depois de ter vencido Aníbal, Roma voltou a pegar em armas para resolver, como bem entendesse, os assuntos do Oriente.

E depois, que tentação para os nobres romanos, que consideravam a Grécia como sua pátria espiritual, devolver a liberdade a essas cidades das quais eles viam apenas a grandeza e a glória passadas! Assim que o cônsul Flamínio, em 197, venceu Filipe, rei da Macedônia, em Cinocéfalo, para puni-lo de ter cedido às solicitações de Aníbal, apressou-se a devolver a "liberdade" às cidades gregas. A Grécia foi evacuada. Parecia que o belo tempo de Péricles e de Demóstenes estava prestes a renascer. Infelizmente, a independência política não bastou para devolver a grandeza às cidades gregas. Mal haviam se tornado independentes, retomaram as lutas estéreis que as dividiam e haviam outrora causado sua perda. Intrigas foram feitas; aqui e ali, recorreu-se à ajuda de reis estrangeiros. Roma, profundamente decepcionada, precisou intervir de novo e mostrou-se severa. Sucessivamente, o rei Antíoco da Síria foi eliminado da Ásia Menor e obrigado a contentar-se com suas possessões sírias; o rei da Macedônia, Perseu, que sucedera a Filipe, foi vencido em Pidna e levado para Roma, onde permaneceu prisioneiro. Finalmente, em meados do século II a.C., enquanto Roma terminava de esmagar Cartago, houve um levante geral da Grécia, ao qual Roma respondeu destruindo Corinto e reduzindo o país a uma província. Fora preciso meio século para que os romanos, amigos dos gregos, compreendessem a impossibilidade de sustentar uma política liberal para com cidades incapazes de manter uma ordem duradoura e inflamadas pela anarquia.

Roma, no tempo da guerra contra Aníbal, encarnara-se em dois homens: o ditador

História de Roma

Fábio, chamado o Temporizador, e Cipião, cognominado o Africano. O primeiro era um magistrado da velha escola, prudente, autoritário e obstinado, inimigo do luxo, respeitador da autoridade do Senado. O segundo era um chefe brilhante, que tinha confiança na "sua boa estrela", admirava os gregos, gostava de viver uma vida abastada, elegante, tinha orgulho de seus próprios sucessos e pensava que ninguém poderia fazer a menor crítica a seu respeito. A Roma nova, oriunda da vitória, encarnou-se num terceiro personagem, cujo nome rapidamente se aureolou de lendas, aquele que ainda hoje é chamado de "Catão, o velho" ou "Catão, o Censor". Entretanto, Catão não foi sempre velho, e não foi censor senão bem tarde na vida. Mas sua censura ficou célebre, porque lhe permitiu realizar a maioria das ideias que lhe tocavam o coração.

Catão era um pequeno-burguês, originário de uma cidade do Lácio, Túsculo (onde Cícero viveria mais tarde). Teve na juventude um protetor poderoso, que se interessou por ele e o ajudou a transpor os primeiros obstáculos na carreira das honras. Mas foi em si mesmo que Catão encontrou os principais apoios: em sua eloquência e na vida austera. Homem de uma integridade absoluta, dedicou-se à tarefa de denunciar todas as desonestidades que via serem cometidas à sua volta. Fazia-o, em parte, por instinto e em parte de caso pensado, porque se dava conta do perigo que Roma corria em contato com o mundo oriental. Se a pátria romana triunfara diante de Aníbal, ela o devia às suas virtudes de resistência, sobriedade, desprendimento, ao devotamento de todos à salvação comum, e também à sua piedade, ao respeito aos deuses, ou seja, à prática das regras de vida tradicionais. Quanto ao exemplo do Oriente, este só podia ser funesto. O das cidades gregas, dilaceradas pelas lutas internas, ensinava a discórdia em vez dessa harmonia, dessa união sagrada que Roma conhecera diante do perigo. O exemplo dos reinos asiáticos ensinava as doçuras de uma vida faustosa e a onipotência do dinheiro: lá, uma sociedade indolente, enriquecida pelos comércios de luxo, vivia à sombra de seus jardins, servida por exércitos de escravos. Muitos romanos, que haviam servido durante a guerra contra Antíoco, sentiam-se tentados a seguir esse exemplo e, para isso, enriquecer o mais depressa possível, por todos os meios. Catão compreendeu

História de Roma

o perigo. Com todas as suas forças, repetiu que Roma não devia perder as qualidades que constituíam sua originalidade e, primeiramente, devia continuar a ter como base de sua economia a agricultura. Para persuadir seus contemporâneos, publicou um livrinho, que ainda possuímos, e que trata *Da agricultura*. Neste livro, ele mostra que o dono de uma propriedade na Itália pode, desde que a explore racionalmente, obter ganhos substanciais. E, enquanto o senhor se ocupa, na cidade, dos assuntos públicos, toda uma "família" de servidores, alguns livres, outros escravos, terá uma vida de trabalho, honesta e relativamente agradável, contribuindo para a prosperidade geral.

Em política, Catão aplica os mesmos princípios. Defende o respeito aos tratados e às convenções, mesmo com os inimigos; quer que os habitantes das províncias sejam tratados com justiça e, várias vezes, dedicou-se a perseguir governadores cúpidos e cruéis. É hostil às aventuras no Oriente, e quando se puniu os rodienses que haviam servido de modo indolente a causa de Roma, foi Catão quem assumiu a defesa deles, menos por simpatia por esses comerciantes levantinos do que por estar persuadido de que o interesse de Roma exigia evitar contato frequente com a Ásia.

Entretanto, Catão não era o reacionário de ideias estreitas como às vezes é retratado. Sabia compreender o valor das novidades. Seu tratado de agricultura era "moderno", utilizava os princípios estabelecidos outrora pelo cartaginês Magon e, consciente do papel que Roma era então chamada a desempenhar, não hesitou em dotar a Cidade, durante sua censura, de monumentos imitados dos que ornavam as grandes capitais do Oriente. Foi ele o primeiro a mandar construir em Roma uma "basílica", ou seja, uma vasta sala coberta cujo teto era sustentado por várias filas de colunas. Dessa forma, os romanos, que cuidavam da maioria de seus negócios no Fórum e passavam a maior parte de seus dias na praça, não ficariam mais expostos a todas as intempéries. Catão, ele mesmo escritor e prosador de mérito, incentivou a poesia. Trouxe da Sardenha, durante a segunda guerra púnica, o poeta Ênio, que lá servia como soldado numa companhia de auxiliares da Campânia. Ênio, o "pai" da poesia latina, era, porém, discípulo dos poetas alexandrinos e foi ele o criador da epopeia romana. Catão sabia bem que esplendor Homero havia dado à civilização grega. Por que um poeta escrevendo em latim não recomeçaria o milagre para Roma? Ênio, sem dúvida, não escrevia uma nova *Ilíada*. Contentou-se em redigir *Anais*, uma história romana em verso, que perdemos quase completamente. Esse poema não era isento de defeitos, mas sem Ênio, Virgílio jamais poderia, cerca de dois séculos mais tarde, ter escrito a *Eneida*.

Catão, nos últimos tempos de sua vida, tinha uma ideia fixa. Queria destruir Cartago. A cidade, após a derrota de Aníbal, recuperara uma espécie de prosperidade; desenvolvendo sua agricultura, cultivara a Tunísia central. Catão temia que os produtores púnicos se tornassem, um dia, rivais perigosos para os da Itália; e, sobretudo, as lembranças da segunda guerra púnica eram demasiado recentes e pungentes. Catão morreu alguns anos antes da realização de seu desejo, mas é certo que sua obstinação contribuiu muito para persuadir o Senado, que, com um pretexto fútil, declarou guerra a Cartago em 147 a.C. e, após um cerco atroz, mandou destruir a cidade até a última pedra e jogar sal no local, como símbolo de maldição.

Enquanto isso, em Roma, nascia uma literatura brilhante. O teatro, imitando o das cidades da Magna Grécia, tinha inúmeros espectadores. As primeiras representações já remontavam a um século, quando Catão morreu, e toda uma série de autores havia composto peças, umas sobre assuntos gregos, outras sobre assuntos romanos. Gostava-se das tragédias que lembravam as grandes lendas com as quais o orgulho romano se comprazia, aquelas que evocavam a epopeia troiana. Mas preferiam-se as comédias, cheias de vida, imagens da sociedade cosmopolita que começava a formar-se na Cidade, que se tornara a capital do mundo. Viam-se nelas velhotes sentenciosos, jovens enamorados, escravos sempre prontos a enganar os velhotes para lhes surrupiar dinheiro e servir os amores de seus jovens amos; pauladas, raptos, reconhecimentos formavam o essencial do divertimento e, no desenlace, a moral se salvava; os jovens "tomavam juízo", os velhotes se acalmavam e perdoavam o escravo que os enganara; e todo o mundo aplaudia. Tal é o fundo das comédias de Plauto, que escrevia no tempo da guerra de Aníbal.

História de Roma

Mas, em meados do século seguinte, começaram a aparecer aspirações mais altas na literatura. Terêncio substituiu Plauto. Os personagens que ele põe em cena já não eram marionetes sem grande consistência; eles amam de verdade, sofrem, ficam completamente desolados, e os velhotes não se limitam a repreender, refletem e se perguntam se a melhor maneira de impedir os filhos de fazer asneiras não é, ainda, compreendê-los e ajudá-los a conhecer-se melhor a si próprios. A influência dos filósofos gregos aparece nesse teatro, que é, sem dúvida, menos animado, menos burlesco do que o de Plauto, mas é mais humano e, muitos séculos mais tarde, após o Renascimento, contribuirá para formar o teatro clássico, na França e em toda a Europa culta.

VII

O TEMPO DA CÓLERA

Em 155 a.C., vieram a Roma três embaixadores enviados por Atenas. Eram três filósofos, os espíritos mais brilhantes que se puderam encontrar. Eles deviam defender a causa de Atenas diante do Senado. Cumprida a missão, demoraram-se um pouco em Roma e deram conferências públicas, e todos os romanos foram escutá-los, deliciados.

Os romanos já conheciam os filósofos gregos. Alguns haviam sido introduzidos nas casas dos nobres, onde eram conselheiros e guias; outros haviam se atrevido a falar em público, mas os magistrados logo os proibiram e os expulsaram. Roma não provara ao mundo a excelência de sua moral e de seus princípios? De que servia escutar tagarelas que só podiam semear a perturbação nos espíritos? Porém, as medidas policiais não conseguem asfixiar o pensamento, e o sucesso dos embaixadores de 155 prova que os romanos estavam ávidos por filosofia. Não lhes bastava conquistar uma boa metade do mundo, eles queriam saber como usar sua conquista e como dirigir, em razão disso, sua vida pessoal. A velha moral, o respeito à hierarquia tradicional já não eram suficientes. A inquietação crescia, e também o descontentamento.

As intermináveis guerras das gerações anteriores haviam arruinado inúmeros pequenos proprietários, os quais, sempre ausentes, não puderam assegurar o cultivo de seus campos. Os ricos haviam aproveitado para comprar essas terras a preço vil e formar grandes propriedades. Ademais, o território das cidades italianas conquistadas não fora repartido entre os cidadãos. A parte menos fértil fora deixada nas mãos dos primeiros possuidores; o resto caíra no "domínio público" do povo romano. Os nobres tinham praticamente se apropriado delas e ali mantinham rebanhos, que confiavam a bandos de escravos. Assim, a riqueza de Roma engendrava a miséria de muitos. A plebe aumentava: uma multidão ociosa, mais por falta de trabalho do que por preguiça: por serem os escravos uma mão de obra barata, não sobrava lugar para os homens livres. Podia-se, temporariamente, alimentar toda essa gente recrutando-os como soldados para as legiões. Mas as guerras cessaram, os soldados foram dispensados e voltaram à miséria. Era justo que os vencedores, aqueles que haviam combatido, tivessem derramado seu sangue somente para enriquecer alguns privilegiados?

O problema tornou-se grave após a destruição de Cartago e Corinto. Os pobres, os que não tinham trabalho, encontraram então um advogado na pessoa de um jovem aristocrata, Tibério Graco, que pertencia à classe dos privilegiados, mas que não se resignava a ver a triste situação de tantos cidadãos. Graco tinha ao seu lado, como conselheiro, um filósofo estoico, Blossius de Cuma, que lhe lembrava que todos os cidadãos de uma cidade têm direito à vida, porque todos são homens. Graco era compassivo e sensível também à voz da razão. Tentou achar um remédio. Pensou no tempo em que Roma estabelecia colônias de cidadãos nos países conquistados; quis recomeçar. Para tanto, era preciso votar leis. Elegeu-se um tribuno do povo em 133 a.C. Propostas de reforma foram feitas: limitação do tamanho das propriedades que os ricos poderiam ter, as terras seriam devolvidas ao Estado, à título de "domínio público" e, nelas seriam instalados os cidadãos pobres. Essas leis foram votadas, mas seu autor, que a oposição do Senado obrigara a se colocar "fora da lei", foi morto por um bando de aristocratas, em pleno Capitólio. Seu irmão, Caio, retomou sua política alguns anos mais tarde. Obteve, não sem dificuldade, a criação de algumas colônias, impôs a decisão de que o Estado venderia trigo aos pobres a um preço inferior ao do mercado livre. Mas, indo mais longe, quis estender o direito à cidade a todos os cidadãos do Lácio que ainda não o possuíam, a fim de fazê-los participar dessas medidas. A plebe de Roma deixou então de segui-lo, pensando talvez que demasiados beneficiários diminuiriam a sua parte. O Senado fomentou contra ele outro tribuno, Druso,[2] que propôs

---

[2] Marco Lívio Druso – um nobre rico e eloquente – foi escolhido pelo Senado para reduzir o apoio popular a Caio Graco. Adotou um sistema conhecido como *patronus senatus*. Vetava

História de Roma

medidas ainda mais revolucionárias, o que isolou Graco. Daí em diante, os nobres não tiveram nenhuma dificuldade em provocar um levante contra este, que se viu obrigado a suicidar-se. E, na prática, as leis impostas pela ação generosa dos dois irmãos tornaram-se letra morta. O Senado ganhara a partida, mas sua vitória só agravara o mal. Um fosso mais profundo do que nunca separava a classe dirigente do povo.

Essas sementes de ódio não tardariam a germinar. Menos de dez anos depois, crescia o poder de um homem que devia ultrapassar os Graco, tanto em popularidade quanto em virulência revolucionária, o plebeu Mário. Simples camponês, tornara-se soldado e conquistara sua posição por seu mérito e coragem. Após uma primeira campanha na Espanha, fora eleito tribuno, e voltara ao exército, desta vez na África, contra o rei númida Jugurtha que cometera toda espécie de crimes e se declarava abertamente inimigo dos romanos. Inicialmente tenente do cônsul Metelo, logo fora eleito cônsul e assumira o comando no lugar dele. Fora ele

---

as propostas de Caio, porém depois as apresentava de modo que o povo o reconhecesse como autor. (N. E.)

que, aproveitando os resultados de Metelo, obtivera a vitória final – o que aumentara consideravelmente seu prestígio. E eis que pouco depois a Itália sentiu medo: bandos de germanos, os cimbros e os teutões, desciam ao longo do vale do Ródano, e pelos desfiladeiros dos Alpes tentavam penetrar em território romano. Vários exércitos enviados contra eles foram destruídos. Mário foi reeleito cônsul, apesar das leis que prescreviam um intervalo mínimo entre dois consulados sucessivos. Reorganizou o exército, alistou todos os voluntários – aqueles pobres-diabos, sem fortuna, sem lar, quase sem pátria, que arrastavam a miséria por todos os povoados italianos, e fez deles um exército profissional. Quando seus soldados estavam prontos, partiu ao encontro do invasor. Venceu os teutões em Aix-en-Provence e os cimbros em Verceil, na Gália Cisalpina. Quando voltou a Roma, triunfante, o povo ofereceu-lhe o sexto consulado. Em Mário, a plebe romana pensava ter encontrado seu salvador, o homem que a tiraria de sua miséria, como a protegera da invasão estrangeira.

Mário, entretanto, estava menos preparado do que os Graco para resolver os problemas políticos. Era um homem de ação, um soldado, que ignorava as sutilezas das vias legais. Manobrado pelo Senado, Mário se viu na obrigação de trair seus amigos plebeus. Fez isso e, imediatamente, exilou-se voluntariamente no Oriente. Mas aguardava o momento de voltar, que não tardou: Roma, bruscamente, viu-se diante de uma terrível rebelião que pôs em perigo sua própria existência. Outras cóleras ressoavam, na própria Itália, há anos. As populações "aliadas", ou seja, as cidades italianas submetidas a Roma e despojadas de grande parte de suas terras, não aceitavam bem a situação de inferioridade. Caio Graco já havia sentido que aí havia um perigo e tentara conceder o direito à cidade romana aos aliados, de modo mais liberal. Mas sua morte o impedira. Em 91, um tribuno da plebe, Lívio Druso,[3] retomou o programa de Caio Graco. Propôs, entre outras, uma lei que faria de todos os italianos cidadãos romanos. Ele, porém, morreu assassinado, no momento em que ia obter a votação da lei. Foi o sinal para um levante quase geral dos italianos. Os insurretos contavam em

---

[3] Homônimo, filho de Marco Lívio Druso, pautou-se por políticas favoráveis à plebe. (N. E.)

suas fileiras sobretudo com os montanheses do Apenino, especialmente os marsos, os samnitas, que haviam oposto tanta resistência às legiões vários séculos antes; os etruscos – ou o que restava deles – e os úmbrios, seus vizinhos, permaneceram fiéis a Roma.

Como sempre, Roma enfrentou corajosamente o perigo. Legionários se alistaram, multiplicaram-se os exércitos. Os homens eram fornecidos não só pelas cidades fiéis como também por "auxiliares" vindos da Espanha, da África, das Baleares (que forneciam excelentes fundibulários), da Gália (dos Alpes a Narbonne, onde os romanos haviam obtido uma província). Em suma, era o Império que se mobilizava para esmagar os rebeldes italianos: situação cruel, que não deixava de comover os próprios romanos e lhes fazia pesar a consciência. Era essa então a recompensa dos serviços prestados à pátria romana pelos guerreiros italianos no tempo de Aníbal? Escrúpulos que não impediram os legionários de lutar com todas as suas forças e de devastar o país inimigo. Mas, com o tempo, os vínculos que existiam entre as duas partes superaram a cólera. Mário, ao qual fora confiado um comando, teve a habilidade de deixar seus soldados confraternizarem com o inimigo e, pouco a pouco, a resistência dos rebeldes pulverizou-se. O Senado, seguindo a mesma via, mostrou-se generoso; concedeu o direito à cidade a categorias de italianos cada vez mais numerosas. Os motivos da guerra ficavam assim quase totalmente suprimidos. E a paz voltou à Itália.

Foi então que eclodiu a primeira das "guerras civis", as quais iriam, gradualmente, arruinar a república romana e impor uma mudança de regime político provocando o nascimento do Império.

Roma desempenhava um papel demasiado importante em todo o mundo mediterrâneo, de modo que suas dificuldades internas tinham consequências múltiplas, incalculáveis. No Oriente, eles haviam enfraquecido o reino da Síria e, desde 133, estavam instalados na Ásia, onde o rei de Pérgamo, Átalo III, os fizera herdeiros de seu reino. Mas ao lado da província nova crescia um reino, nas mãos de um ambicioso príncipe, Mitríades, que possuía primitivamente o reino do Ponto, nas margens meridionais do Mar Negro, e estendera pouco a pouco seu domínio. Com alianças, casamentos, uma incansável atividade diplomática, ele enfraquecera a posição de Roma no Oriente. Tanto fez que os romanos, recém-saídos da guerra contra os "aliados" italianos, precisaram intervir contra ele. Infelizmente para Roma, as forças que se opuseram ao rei foram insuficientes e não resistiram. Roma foi vencida; todas as cidades da Ásia e, em seguida, as da Grécia, foram sucessivamente abandonando o partido romano. Ademais, por ordem de Mitríades, em 88, todos os italianos e romanos que se encontravam no Oriente foram massacrados. Num único dia, mais de 80 mil pessoas foram mortas. Mesmo Atenas, que Roma havia favorecido, deixou-se seduzir. E – desastre irreparável – a ilha de Delos, que era o centro de todo o comércio italiano no Mediterrâneo ocidental, foi tomada por uma frota a serviço do rei; os negociantes italianos foram massacrados, as instalações devastadas, e a ilha devolvida por Mitríades a Atenas.

A cólera e a dor eram grandes em Roma. As possessões da Ásia eram, efetivamente, a principal fonte da riqueza do Estado. Era ali que toda a burguesia negociava, esses "cavaleiros" cujo papel crescia à medida que se concentrava em suas mãos quase todo

História de Roma

o comércio do mundo. Eram os cavaleiros que haviam organizado as "sociedades de publicanos", a fim de assegurar a cobrança dos impostos nas províncias orientais. Eles compravam, por uma quantia preestabelecida, o direito de proceder, sozinhos, a todas as cobranças de tributos, organizar as alfândegas e os pedágios. Imagine-se os tesouros que se acumulavam nos seus cofres. E eis que a audácia de Mitríades os despojava, brutalmente. Não só seus interesses de classe estavam ameaçados, como toda a vida econômica de Roma desmoronava.

O Senado decidiu que as operações no Oriente ficariam a cargo do cônsul Cornélio Sula, um antigo tenente de Mário, que tinha simpatias aristocráticas. Um tribuno, Sulpício Rufo, opôs-se e propôs o nome de Mário... Sula, que estava mobilizando seu exército, reagiu brutalmente. Sem se importar com as formas legais, marchou para Roma e massacrou todos os que se opunham a ele. Mário só teve tempo de fugir. Foi para a África. Sula, entretanto, partiu para o Oriente. Mal ele virara as costas, os aristocratas e os democratas recomeçaram a luta. Estes, conduzidos pelo cônsul plebeu Cina, obtiveram vantagem. Mário voltou rapidamente e, à sua chegada, a plebe sublevou-se. Massacraram-se os senadores, os ricos, todos de quem se suspeitava que reprovassem o governo popular. Milhares de vítimas caíram; os cadáveres ficavam nas ruas, sem sepultura, e os piores elementos da população, os escravos das vítimas, aproveitavam para massacrar e pilhar. Foi preciso recorrer a soldados gauleses para restabelecer a ordem!

Enquanto isso, Sula prosseguia a luta, na Grécia, e cercava Atenas. Tomou a cidade de surpresa e massacrou impiedosamente todos que foram pegos com armas em punho. Entretanto, perdoou os outros, em razão do passado glorioso de Atenas. Cina, de Roma, tentou depor Sula e tirar-lhe o comando. Mário morrera, esgotado pelos excessos, e Cina era o único senhor. Despachara para a Grécia um exército de 12 mil homens contra Sula, mas este conquistou o espírito dos chefes e dos soldados e todos se juntaram a ele. Com a ajuda deles levou Mitríades a concluir a paz e, vitorioso, tendo restabelecido a situação no Oriente, retomou o caminho de Roma. Na primavera de 83, desembarcava em Brindisi, à frente de seu exército. O partido popular pegara em armas. Houve batalhas campais, enquanto os massacres recomeçavam na cidade. Mas Sula transpôs todos os obstáculos. Em 1º de novembro de 82, na porta Colina, sob os muros de Roma, Sula esmagou seus adversários, que tinham conseguido sublevar uma parte dos italianos: mais de 50 mil soldados "populares" tombaram em combate; 8 mil prisioneiros foram mortos a sangue frio. A guerra civil cessara, por um tempo.

Pela força, Sula se tornara o senhor absoluto de Roma. Poderia ter se tornado rei. Preferiu restaurar o regime aristocrático e assumiu o título de ditador. Começando por uma vasta "depuração", pôs todos os suspeitos fora da lei. Quarenta senadores, 2.600 cavaleiros pereceram assim. Outros morreram simplesmente porque eram ricos, e amigos do ditador lhes cobiçavam a fortuna. Depois Sula empreendeu a tarefa de reorganizar a cidade. Devolveu ao Senado os antigos poderes, diminuiu os direitos dos tribunos, retirou dos cavaleiros os privilégios financeiros, proibiu-os de figurar nos tribunais (funções às quais os cavaleiros eram muito apegados). Dessa forma, todo o fermento de anarquia que viciava a constituição romana estava extirpado. Obra genial que fora realizada, sem dúvida, com sangue, mas que poderia ter poupado outras revoluções, se Sula houvesse tido a vontade de prosseguir sua aplicação sem esmorecimento. Faltou-lhe esse ímpeto. Em 79, abdicou da ditadura e retirou-se, como simples particular, para sua mansão de Cuma, recém-casado, a fim de viver tranquilamente com sua jovem esposa. Morreu alguns anos mais tarde, desaparecendo da História tão bruscamente quanto entrara e deixando, na falta de uma obra duradoura, um exemplo no qual se ia inspirar em breve um homem que fora o sobrinho de seu inimigo Mário, esse jovem César cuja vida ele consentira poupar, predizendo que Roma encontraria nele "vários Mários".

VIII

O FIM DE UM MUNDO

A "restauração" de Sula não resolvera problema algum. Depois dela, como antes, a plebe era miserável, os cavaleiros, ambiciosos e ávidos de dinheiro, os senadores, egoístas, incapazes da menor generosidade, e Mitríades estava igualmente decidido a prosseguir a luta contra Roma. A gravidade dos males até piorara, porque suas causas não tinham cessado: os distúrbios da guerra civil haviam aumentado o número de pobres e transtornado profundamente toda a Itália, cujos campos, cada vez menos cultivados, eram abandonados aos escravos de alguns grandes proprietários que possuíam províncias inteiras. Os soldados de Sula, que ele instalara por toda a parte, dando-lhes terras, tinham dificuldade em se adaptar a uma vida de trabalho; o primeiro aventureiro que aparecesse e os chamasse às armas seria atendido. E, acima de tudo, estava provado que um chefe de sorte, se conseguisse obter um exército devotado, podia permitir-se tudo e dominar Roma como senhor absoluto.

Durante os anos que se seguiram à abdicação de Sula, sua obra política pulverizou-se muito depressa. Como sempre, em Roma, as ameaças externas serviram para encobrir, momentaneamente, os problemas internos. Se Roma não houvesse tido que enfrentar guerras provinciais, é provável que tivesse continuado a se dilacerar, por não encontrar um regime que fosse aceito pela maioria dos cidadãos que a compunham.

Isso começou na Espanha, onde um ex-partidário de Mário, Sertório, criara uma província dissidente. Agrupara à sua volta italianos descontentes com as reformas de Sula e inimigos de Roma. Tivera também a habilidade de obter as boas graças dos espanhóis, adulando-os, falando sua língua, e levando-os, assim, a se "romanizar". Pelas suas mãos, surgia, pouco a pouco, na Espanha um verdadeiro estado independente que se civilizava. Sertório abriu escolas, difundiu as ideias romanas, cercou-se de um "senado" em que admitiu espanhóis. Tornara-se como um rei desse estado nascente, e embalava-se na esperança de resistir indefinidamente aos exércitos que Roma lançava contra ele. Entrementes, Mitríades retomou a luta. Sertório não hesitou em se fazer seu aliado: Roma ficaria presa assim entre dois perigos, um vindo do Oriente, outro do Ocidente. O ódio cegava Sertório. Seu cálculo era não só criminoso, como errado. Roma, embora atacada de todos os lados, ainda tinha recursos suficientes para vencer todos os seus inimigos ao mesmo tempo. Sertório foi esmagado, enquanto no Oriente uma série de campanhas vencedoras punha fim às ambições de Mitríades, que se viu obrigado, após longa resistência, a se suicidar para escapar às legiões. O rei, que conhecia os costumes orientais, e sabia, por experiência própria, com que facilidade se recorria aos venenos nessas cortes entregues às intrigas, há muito tempo se preparara para resistir ao efeito deles. Quando quis se envenenar, não conseguiu; precisou recorrer ao punhal.

Entretanto, nem tudo estava resolvido. Para abater Mitríades, fora preciso confiar poderes extraordinários a um único homem, Pompeu. Este unira sob seu comando forças consideráveis e fora visto em todos os campos de batalha, na Espanha, contra Sertório, no Oriente, contra Mitríades e os piratas que, se aproveitando das dificuldades de Roma, impossibilitavam praticamente toda navegação pacífica, na Itália mesmo, onde bandos de escravos revoltosos lutaram algum tempo, sob o comando de um gladiador, Espártaco. Para reagir em toda a parte, precisava-se de exércitos, e cada vez mais os pobres se alistavam, vendo aí um recurso inesperado. Estavam a serviço não mais de uma pátria, mas de um general que os pagava, e mesmo esse general não era mais um magistrado, designado pelo povo, devotado ao Senado, mas um ambicioso que, após a vitória, recusou-se a voltar ao seu posto de outrora. Roma aguardava um senhor. Os candidatos não faltavam, mas nenhum, inicialmente, conseguiu se impor. Aquele que finalmente triunfou, César, amadureceu sua ambição durante mais de vinte anos, e precisou, para ter logro, travar terríveis e sangrentas batalhas.

*

História de Roma

Um homem domina todo esse período da história de Roma, e sua morte, em 42 a.C., marcou o fim da República, ou seja, como se dizia então, da Liberdade. Esse homem foi Cícero, e é fácil encontrar argumentos para mostrar que ele – o maior orador romano – era somente um pequeno-burguês vaidoso, medroso, cúpido, sem verdadeiro senso político, um tagarela que pôs sua eloquência a serviço de uma aristocracia egoísta, à qual fez pagar caro por seu apoio. Isso é fácil, mas também profundamente injusto e, ao mesmo tempo, gravemente inexato.

Cícero pertencia a uma família de cavaleiros; antes dele, ninguém, na sua família, exercera uma magistratura importante. O jovem Cícero tinha ambição; mostrou cedo espantosas disposições para a eloquência e foi um aluno dócil dos melhores oradores que então dominavam a vida política. Pois para se impor, na República, era preciso saber fazer-se escutar. Cícero, muito cedo, despertou a atenção geral. Tomou a defesa de uma vítima de um ex-prisioneiro de Sula, do tempo em que o ditador era todo-poderoso, e obteve a condenação de seu adversário. Durante algum tempo, julgou prudente deixar Roma e foi à Grécia prosseguir seus estudos, que até então haviam sido feitos nas escolas de Roma. Lá, conheceu os filósofos e apaixonou-se pelas discussões, às quais se entregavam os mestres mais renomados, em Atenas. Assistiu também às lições dos mestres de retórica, indo até Rodes para ouvir as de Molon, o mais célebre dentre eles. Quando voltou a Roma, adquirira uma cultura imensa, tanto grega quanto romana. Seu horizonte se ampliara. Não acreditava mais que bastava ater-se fielmente aos "princípios dos antepassados" para resolver todos os problemas. Se, instintivamente, era defensor da ordem estabelecida, não queria também que se perpetuasse a tirania estreita dos senadores. Já se formava em seu espírito a ideia de uma política de equilíbrio entre as diferentes classes sociais, a que ele pregará em breve sob o nome de "concórdia das Ordens" [*concordia ordinum*].

Primeiramente, acusou um senador gravemente comprometido em assuntos vergonhosos: pilhagens, abuso de poder, execuções sem julgamento, cometidos durante um governo provincial. Esse foi o processo de Verres, que Cícero empreendeu, como acusador, a pedido dos sicilianos, vítimas desse

História de Roma

governador sem escrúpulos. Verres não esperou o julgamento e condenou-se ele mesmo ao exílio. O escândalo foi tão grande que permitiu modificar a lei de Sula que reservava os júris aos senadores; daí em diante, os cavaleiros também fizeram parte deles.

Alguns anos mais tarde, Cícero ia, aparentemente, passar para o campo dos senadores. Foi por ocasião de seu consulado, em 63, quando conseguiu impedir a votação de uma lei agrária, que retomava os velhos projetos dos Gracos. Mas o que Cícero procurava, na realidade, era evitar distúrbios e, talvez, uma possível guerra civil. No mesmo ano, Cícero teve de enfrentar uma ameaça grave. Catilina, um desses homens ambiciosos que consideravam as magistraturas como meios de enriquecer, não obtivera o consulado. Saindo da legalidade, este formou uma conjuração para obter o poder pela força. Cercou-se de nobres contrariados, esmagados por dívidas, e também veteranos de Sula, pequenos proprietários em situação difícil, reunindo aqueles que tinham tudo a esperar de uma revolução e nada a perder. Cícero foi assaz vigilante para surpreender a conjuração antes que Catilina tivesse tempo de agir.

Denunciou-a ao Senado – que no primeiro momento não acreditou. Todavia, alguns dias mais tarde, Cícero conseguiu apreender nas bagagens de deputados gauleses, que estavam em Roma, cartas comprometedoras para os conjurados. Estes não buscavam nada menos do que provocar uma revolta na província romana da Gália para criar uma diversão que lhes permitiria realizar seu golpe. O Senado, enfim persuadido, entregou os conjurados ao cônsul, que mandou executá-los na prisão. Catilina conseguira fugir; refugiou-se junto a seus partidários, que haviam montado um exército na Etrúria. O outro cônsul, Antônio, travou batalha com eles e esmagou-os perto de Pistoia. Foram mortos ali mesmo e, entre eles, Catilina, que caiu de armas em punho.

Os senadores e cavaleiros haviam tido muito medo. Fizeram a Cícero os maiores elogios, deram-lhe o título de "pai da pátria" – e Cícero não teve a modéstia de recusar essa honra. Consciente do que fizera por Roma, passou o resto da vida a elogiar sem fim seu "grande consulado". Mas esse ridículo pode lhe ser facilmente perdoado se pensarmos que, sem ele, o Estado romano teria sido entregue a alguns aventureiros, o sangue teria corrido como no tempo de Mário e, talvez, o Império tivesse afundado na crise.

Logo a constituição, salva por Cícero, era ameaçada de outro lado. Três ambiciosos, Pompeu, César e o rico Crasso, haviam secretamente feito um pacto, que se chama "o primeiro triunvirato". Eles haviam prometido assistência mútua entre si para dividir o poder e, primeiramente, assegurar o consulado a César, de quem era a vez. Dos três cúmplices, só César tinha um verdadeiro pensamento político. Isso pôde ser visto durante seu consulado. Ele quis, de fato, realizar as reformas necessárias de maneira pacífica; quis dar terras aos miseráveis, limitar os excessos dos governadores nas províncias; é também a ele que se deve a publicação, pela primeira vez na história, de um *Jornal* de Roma, que comunicava ao público as notícias importantes e permitia à opinião pública tomar partido com conhecimento de causa. Em suma, durante seu consulado, César fez um real esforço para abrir para o exterior a vida pública e renovar a atmosfera asfixiante e envenenada em que o Senado se comprazia. Mas encontrou uma resistência tão estúpida quanto encarniçada por parte de seu colega, o outro cônsul, Bíbulo, o qual, cada vez que César fazia passar uma lei ou tomava uma medida importante, trancava-se em casa e declarava que "os presságios eram desfavoráveis". César ia em frente, e a lei era adotada, a medida entrava em vigor. Mas o que ocorreria no ano seguinte, quando César não fosse mais cônsul e, sim, um simples particular? Não acabaria prestando contas diante de juízes por todas irregularidades que cometera?

Para realizar sua obra, e torná-la duradoura – mas também por prudência e para evitar o destino dos Graco –, César montou uma máquina política complexa. Começou fazendo-se atribuir, tão logo acabasse seu consulado, o governo da Gália, o que lhe assegurava o comando de um exército. Depois, aliou-se a um agitador profissional, o jovem e belo Públio Clódio, incomparável para provocar escândalos, lançar bandos armados sobre o Fórum ou o Campo de Marte quando era necessário reduzir ao silêncio alguns adversários. Se alguém tentasse se opor a César, este ameaçava lançar contra ele Públio Clódio. Cícero ainda era capaz de arrebatar uma grande parte da opinião pública. César sugeriu a Clódio acusá-lo de ter violado a lei ao condenar à

História de Roma

morte, sem julgamento, os cúmplices de Catilina. Não se podia pensar em submeter o grande orador a um processo regular; corria-se o risco de ver os juízes mais bem escolhidos, mais predispostos, serem persuadidos por suas palavras. Então, levou-se o caso para o povo, de modo que provocava, diretamente, a votação de uma lei geral, na aparência, mas visava de fato o caso de Cícero. A plebe votou a lei, sob a pressão dos bandos de Clódio, e também dos exércitos de César, que esperavam, às portas de Roma, a expulsão do grande orador antes de tomarem o caminho da Gália. Cícero, apesar de seus ruidosos protestos, foi obrigado a partir para o exílio: os "bons cidadãos" estavam desolados; os senadores preocupavam-se pouco com o destino dele; não viam que esse exílio era como o primeiro ato da revolução que ia acarretar sua própria queda. O partido "popular" regozijava-se; Catilina gozara outrora de sua simpatia e ele via com prazer abater aquele que livrara Roma de seus ataques.

Uma vez que Cícero estava no exílio e o "partido das pessoas honestas" decapitado, César começou a conquista da Gália. Era a tentativa mais descabida que se podia imaginar. Os romanos estavam estabelecidos no sul, e mantinham relações amistosas com os outros povos. César, sob um pretexto frágil, tentou submeter todo o país. Certas nações o acolheram com favor, mas, pouco a pouco, um movimento de resistência se formou, e a guerra tornou-se mais dura. Os gauleses, sempre divididos entre si, escutaram a voz de um chefe arverno, Vercingetórix, e começaram a luta. Qualquer outro a não ser César, diante de uma coalizão tão temível – contra ele, estavam todas as nações, desde as Cevenas até as costas do Canal da Mancha e as margens do Reno –, teria renunciado e deixado os gauleses tranquilos. Mas César não podia recuar; não lhe era possível retornar vencido a Roma; sabia que teria de prestar contas e que seus inimigos não deixariam passar a ocasião de abatê-lo. Além disso, ele era César, possuía uma energia indomável, as dificuldades não faziam senão excitá-lo a prosseguir a empreitada; diante do perigo, ele se revelou um dos maiores generais que a História já conheceu. Pela diplomacia, pelo terror, golpeando com força e rapidez, conseguiu dissociar a coalizão das cidades gaulesas. Levantou tropas na província romana, recrutou cavaleiros germanos, sempre felizes de bater-se com seus velhos inimigos gauleses. Uma primeira vez acreditou pegar Vercingetórix cercando a cidade de Gergóvia, mas precisou levantar o cerco rapidamente. Alguns meses mais tarde, obteve uma revanche estrondosa diante de Alésia onde Vercingetórix se deixara encerrar. Preso entre os gauleses da cidade e um formidável exército de socorro, ele conseguiu, fortificando-se, combatendo em duas frentes, utilizando suas forças de maneira genial, dispersar as tropas que o atacavam do exterior. Vercingetórix, desalentado, não teve outra solução a não ser se render para evitar um massacre geral. Assim, a resistência gaulesa estava destruída; alguns grupos ainda permaneceram por um tempo insubmissos; mas ele os reduziu, o que foi somente uma questão de paciência, e esta não faltava a César.

Enquanto isso, em Roma, dos três triúnviros, ficara só Pompeu. Crasso, com a imaginação excitada pelos tesouros do Oriente, empreendera uma guerra contra o império parta, que margeava ao leste a província da Síria. Mas, procedendo com inabilidade, sem nenhuma prudência, foi vencido e morreu no campo de batalha. Enquanto César estava ocupado na Gália, Pompeu permanecia como árbitro da situação. Consentira em chamar de volta Cícero e, pouco a pouco, deixava-se levar para o partido reacionário dos senadores. Ademais, Clódio morrera; fora assassinado durante uma briga entre seus homens e os de outro aventureiro, denominado Milon, que por sua vez trabalhava para o Senado. O vento virava. César via aproximar-se o momento em que deveria voltar a Roma, cessar de ser *imperator* e, desta vez, prestar contas. Para evitar esse desfecho, não teve outro recurso senão desencadear uma guerra civil. E é por isso que, no início do mês de janeiro de 49 a.C. ele atravessou, à frente de seu exército, o riacho do Rubicão (no Adriático, não muito longe de Ravena) que marcava o limite oficial de sua província. Conta-se que presságios extraordinários o encorajaram; viu-se, parece, um ser de tamanho sobrenatural se apoderar de uma trombeta e dar o sinal aos soldados. César acreditava na sua boa estrela, e suas tropas o adoravam como um deus. Com elas, desceu lentamente a estrada costeira do Adriático; as cidades, uma a uma, rendiam-se a ele. Em Roma, os senadores, enlouquecidos, tentavam em vão concentrar tropas. Implorou-se a Pompeu que organizasse a resistência. Mas a partida já estava perdida na Itália. Pompeu foi obrigado a abandonar tudo e, com todos os grandes nomes com que Roma contava, partiu para o Oriente. Instalou-se em Épiro, na margem oriental do Adriático e dedicou-se ativamente à preparação da reconquista.

O mundo se achava dividido em dois: à frente do Ocidente, César; no Oriente, Pompeu. César tinha consigo a Gália e a Itália, e logo a Espanha, que, em uma campanha, ele livrou das tropas fiéis a Pompeu, que a ocupavam. Enfim, seguro de si, passou ao Oriente e, no campo de batalha de Farsala, em 9 de agosto de 48, derrotou Pompeu e as forças do Senado. Era o fim da República romana. Todavia, antes que se impusesse uma ordem estável e a paz voltasse definitivamente à Cidade e ao mundo, precisou-se ainda de muitas lutas e muito sangue, e primeiramente, sangue do próprio vencedor.

IX

O NASCIMENTO DO IMPÉRIO

A aristocracia romana saía prostrada da luta. Seus melhores representantes tinham morrido em Farsala. César substituiu-os chamando para o Senado homens novos, que lhe deviam tudo e não apresentavam perigo para ele. Em alguns anos, César reorganiza profundamente o Estado. Promulga leis, enfraquece o papel dos magistrados, escolhe ele mesmo a metade dos candidatos, controla as sociedades de publicanos, para tentar assegurar um pouco mais de justiça nas províncias, prepara uma simplificação do direito romano, cria colônias para garantir pão aos pobres e enriquecer seus ex-soldados; chega até a preocupar-se com problemas tão técnicos quanto uma reforma do calendário: o calendário "juliano", que ele instituiu, conseguindo enfim sincronizar o tempo "oficial" com o tempo real e fazer, por exemplo, o início das estações cair, a cada ano, na mesma data, o que não ocorria no sistema antigo. César, enfim, gostaria de ter sido rei. Estava acima das leis, tinha o título de "ditador perpétuo"; mas isso não lhe bastava. Persuadido do caráter divino de sua missão, queria a consagração que somente a realeza lhe podia conceder. Mas não era ele descendente desse Iule, o filho de Eneias que fundara Alba? Na origem de sua raça, encontrava-se portanto a deusa Vênus, a qual, a acreditar em Homero, prometera outrora o império do mundo à raça de Anquises!

César não se contentou em modificar profundamente as instituições romanas. Empreendeu a remodelação da própria Cidade, inspirando-se nas grandes capitais helenísticas. Criou um novo Fórum, que batizou com seu nome, e no centro do qual ergueu um templo a Vênus Mãe: símbolo da realeza de essência religiosa que ele ambicionava fundar. E já se preparava para passar ao Oriente, para recomeçar a epopeia

História de Roma

de Alexandre, o Grande; sonhava submeter às armas romanas todos os países da Ásia, até a Índia. O exército já se concentrava em Apolônia, na costa do Épiro. Ele ia ao seu encontro quando, nos Idos de Março de 44 (em 15 de março), um bando de conjurados o atacou, em pleno Senado, e ele caiu apunhalado.

Era o último sobressalto do partido "pompeano": alguns aristocratas, sobreviventes do grande naufrágio de Farsala, esperavam, suprimindo o "tirano", reencontrar a República. Por trás deles, estava a grande figura de Cícero. Sem dúvida este não fora um dos conjurados, mas regozijou-se com o acontecimento e também ele acreditou que a revolução de César não fora senão um pesadelo do qual, enfim, Roma acordava. Ilusão que não tardou a dissipar-se. César marcara Roma para sempre. E viu-se que não se pode remontar o curso da História.

César morrera, mas um dos cônsules, Marco Antônio, que fora seu tenente, seu amigo, tornou-se o herdeiro de seu pensamento. Surgia, ainda, um novo personagem, o sobrinho-neto de César, Otávio, que ele adotara, e que reivindicava a sucessão do ditador. Otávio tinha apenas 19 anos, mas estava imbuído de uma ambição feroz e era um político de uma habilidade demoníaca. Chegava a Roma sem recursos, sem amigos, sem reputação, sem glória. Em algumas semanas, tornou-se o árbitro da situação. Coloca-se ao lado do Senado, contra Antônio, obtém uma vitória e, depois, bruscamente, dá meia-volta e, reunindo suas forças às do seu inimigo da véspera, espezinha o Senado, forma com Antônio e um terceiro compadre, Lépido, um "triunvirato" que se arroga como missão oficial a reorganização do Estado. Os três fazem uma lista de proscritos: todos os seus inimigos políticos, todos os partidários dos conjurados de março, entre os quais Cícero. Este tenta fugir por um momento, depois, cansado, sem esperanças sobre a salvação do Estado, volta espontaneamente para entregar a cabeça aos assassinos. Essa cabeça, assim como as duas mãos do orador, foram cortadas de seu cadáver e pregadas na tribuna do Fórum: assim perecem os inimigos de César!

Os conjurados de março, conduzidos por Brutus e Cássio, haviam fugido para o Oriente, para recomeçar a tentativa de

História de Roma

Pompeu. Como este, são vencidos em Filipos, em 42. Desta vez os últimos destroços da velha aristocracia, todos os que tinham alguma coragem, são aniquilados sem recurso. E os vencedores dividem o mundo entre si. Lépido recebe a África. Antônio, por sua vez, exige o Oriente. Otávio, mais prudente, aceita a Itália e, enquanto Antônio se exalta a prosseguir o sonho de César, e se esgota em campanhas vãs contra os partas, Otávio prepara cuidadosamente a realização de seu projeto: tornar-se o único senhor.

Durante esses anos, que separam a batalha de Filipos da de Actium, o mundo romano, angustiado, espera para saber quem vencerá, Antônio ou Otávio. A simpatia vai inicialmente para o primeiro. É um soldado brilhante, é generoso, cavalheiresco, projeta grandes façanhas. Até as suas extravagâncias atiçam as imaginações, como quando vive, tal como um rei oriental, com Cleópatra, a rainha do Egito, e se faz chamar de deus. É preciso confessar que diante de Antônio, o jovem Otávio faz pobre figura, fraco, fechado, cercado de amigos sem prestígio, tal como esse Agripa, que se vê raramente sorrir, e que não é nobre, ou esse Mecenas voluptuoso, que vive em seus jardins magníficos e se recusa a exercer a menor magistratura oficial, preferindo dirigir, em segredo, múltiplas intrigas. Lépido, por sua vez, sumiu na insignificância; em prisão domiciliar, na Itália, não pode desempenhar papel algum. E os dois caudilhos começam a fazer uma guerra de panfletos entre si. Destroem mutuamente sua reputação, roubam partidários, tentam desacreditar um ao outro. Finalmente, foi preciso lutar e foi em Actio, no início de setembro de 31, que a frota de Antônio encontrou a de Otávio. Sob a pressão dos navios romanos, as galeras egípcias fogem. Alguns meses mais tarde, Otávio estava em Alexandria, onde Antônio e, em seguida Cleópatra, mataram-se. Dois anos depois, no mês de agosto de 29, Otávio, que acabara de pacificar o mundo romano, celebrava um triplo triunfo.

Nesse dia, começou para Roma uma nova era. A paz voltara, enfim. Mas custara caro. A velha casta senatorial, que encarnava o espírito da República, praticamente desaparecera. Tudo o que a ordem antiga tinha de limitado não era capaz de fazer esquecer o que se devia a um regime que soubera assegurar a vitória de Roma através das crises mais graves e conquistara um imenso

História de Roma

império, abarcando tudo o que se podia considerar como o mundo civilizado: além de suas fronteiras começava a barbárie. Mas fora o próprio peso desse império que rompera o equilíbrio. Por tempo demais, a aristocracia conquistadora recusara justiça não só aos vassalos conquistados, mas à maior parte dos cidadãos. Era tempo de ela ceder lugar a um sistema mais flexível e mais humano, mesmo que, em Roma, devesse desaparecer a antiga "liberdade", ou seja, de fato, o privilégio de uma classe dirigente, doravante submetida a um senhor.

A vitória de Otávio foi acolhida com alívio; era o fim das guerras civis. E esse sentimento de reconhecimento para com Otávio encontrou imediatamente uma expressão magnífica. Nunca até então os poetas romanos haviam sabido pôr em suas obras acentos tão sinceros quanto os que descobrimos nos poemas de Virgílio e de Horácio. Durante os últimos anos da República, certamente a literatura romana realizara grandes progressos. Os poetas, especialmente, Lucrécio e Catulo, começaram na escola dos gregos, mas criaram, apesar disso, uma linguagem poética verdadeiramente romana. Lucrécio expusera, numa epopeia grandiosa, o sistema da natureza tal como o concebia o filósofo Epicuro. Ele mostrara a matéria bruta se organizando pouco a pouco, sob o efeito do acaso, encontrando suas próprias leis, fazendo nascer os seres organizados, depois, descrevera os primeiros esforços do homem para se erguer acima de sua condição miserável, descobrindo o fogo e o uso das ferramentas, e aprendendo a trabalhar os metais, antes de as primeiras sociedades estarem formadas e de que houvesse os primeiros esboços de justiça e de lei. Catulo, por sua vez, ensinara como é possível cantar o amor, um sentimento que os rudes romanos de outrora consideravam como uma fraqueza quase vergonhosa, ou uma espécie de loucura.

Virgílio e Horácio acrescentaram um novo acento: o amor à pátria, a angústia que sentiram no meio dos distúrbios, a esperança que lhes trouxeram, primeiramente César e depois Otávio, puseram tudo isso em poemas de uma beleza soberana. Virgílio, oriundo da região de Mântua, um país rico, fez-se o cantor da terra italiana e deu voz a todos os sentimentos confusos que podiam experimentar esses "camponeses" cujas pobres propriedades estiveram muitas vezes

História de Roma

em jogo durante combates e intrigas. Essa inspiração já aparece nas *Bucólicas*, eclode nas *Geórgicas*, que foram compostas, diz-se, a pedido de Mecenas, e que aureolam de poesia a vida rude, mas simples e verdadeira dos camponeses. Mecenas, propondo esse tema a seu poeta, sabia que este servia bem a seu senhor, e colaborava com a obra de restauração que era urgente empreender. Catão, outrora, preocupou-se com o "rendimento" da terra. Virgílio, Otávio e Mecenas pensavam acima de tudo nos homens que viviam nessa terra e queriam revelar-lhes a grandeza de sua tarefa, e também todas as possibilidades de felicidade que ela continha.

Horácio, por seu lado, vem do sul. Traz em sua poesia a sabedoria popular, a malícia de sua raça, e também esse sentido da vida, esse gosto pelo pitoresco que foram sempre inseparáveis do sul italiano. Ele traz também pela primeira vez, talvez, uma preocupação que sempre estivera presente no espírito dos gregos, mas que Roma não conhecera até então: a da beleza pura, da perfeição formal, do belo poema, escrito unicamente por prazer, como um oleiro antigo que gostava de modelar e decorar um vaso, apenas para fazer dele uma "coisa bela". Suas *Odes* são, assim, cheias de sol, de alegria, mas também de sabedoria e de serenidade, mesmo ante a fuga do tempo e a velhice que se aproxima.

No decurso das guerras civis, Roma perdera muitas de suas tradições. Otávio compreendeu que era preciso dar-lhe outras novas. A empresa era difícil; ele se apoiou nos poetas, para criar verdadeiros "mitos", a serviço de uma fé nova. Virgílio, redigindo a *Eneida*, deu ao novo senhor, mas também à sua pátria, o mais belo presente. Reuniu os elementos esparsos da velha lenda que unia os romanos – e muito particularmente Otávio, herdeiro de César – à raça dos deuses. Justificou ao mesmo tempo a conquista romana – voltando a dar "boa consciência" aos conquistadores – e a ditadura de fato estabelecida pelo vencedor de Actio. Das suas mãos nascia como que uma nova forma do poder, que não era a realeza (desde os Idos de Março, não se tratava mais desse tema), mas conservava desta o caráter religioso e erguia o Senhor acima de sua simples condição mortal. Assim aparecia, em seus versos, o "piedoso Eneias", chefe militar e sacerdote, intérprete da vontade divina, marcado pelo Destino, invencível no campo de batalha e guia infalível na paz. Apareceu também Otávio, arquiteto da nova ordem. E, para figurar esse caráter tão complexo, inventou-se um nome que se outorgou solenemente ao jovem príncipe, em 27 a.C. Foi chamado "Augusto", o que significava que ele estava investido de uma missão divina, e que seria ímpio não obedecer às suas ordens.

Toda a história do reinado de Augusto se resume nos seus esforços para traduzir para a realidade e os fatos esse caráter quase miraculoso de sua pessoa. Ele quer respeitar as formas tradicionais, embora elas sejam quase vazias de conteúdo. Conserva o consulado, a pretoria, a edilidade, o tribunato, porém, sorrateiramente, tira-lhes quase toda a importância real. Enquanto o consulado mantém alguma autoridade, ele mesmo é cônsul. Depois, um belo dia, deixa de querer sê-lo; é que encontrou outro meio de reter em suas mãos o comando do Estado. É o primeiro no Senado, e sua palavra arrebata sempre a decisão. É o único chefe dos exércitos – o *imperator* – e esta é a origem do nome pelo qual o designamos: ele é o Imperador. Governa, por intermédio de tenentes que escolhe sem prestar contas a ninguém, a maioria das províncias insuficientemente pacificadas ou limítrofes de uma fronteira perigosa. Possui imensos domínios, recursos consideráveis, que administra sem controle. Pouco a pouco, o velho Estado romano se duplica: o Senado conserva suas atribuições, mas a seu lado, o Imperador constrói uma outra máquina administrativa que depende exclusivamente dele. Em breve, após Augusto, um desses dois corpos definhará, ao passo que o outro aumentará sem medida e, gradualmente, o Senado, de senhor do mundo, vai se tornar, quase sem perceber, o conselho municipal da cidade de Roma, e nada será mais do que isso.

Nem todos ficam satisfeitos com essa ordem nova, acha-se que ela dá lugar demais a um único homem, e pouco ao resto dos cidadãos. Formam-se complôs. Mas nenhum tem sucesso. Augusto tem mais sorte do que César. Talvez também porque teve tempo de organizar uma polícia mais eficaz. Sobretudo, foi mais feliz que César em ter acedido ao poder muito mais jovem do que seu pai adotivo e, como teve vida longa (morreu em 14 d.C., aos 76 anos), pôde modelar Roma a seu gosto. Quando desapareceu, os que tinham conhecido o tempo de liberdade não

História de Roma

eram senão velhos. Era tarde demais para ir contra hábitos que já haviam se tornado irresistíveis. Essa foi seguramente uma das razões que mais contribuíram para manter o Império e impediram o retorno à República.

Na verdade, Augusto buscara, durante a vida toda, seu sucessor. De um primeiro casamento tinha uma filha, Júlia, mas a segunda mulher, Lívia, que já tivera dois filhos, não lhe deu nenhum. Quis, então, o mais cedo possível, ter ao menos netos e, para tanto, deu a filha em casamento a seu próprio sobrinho, o sedutor Marcelo. Mas Marcelo morreu antes de ser pai. Imediatamente, Júlia recebe um segundo marido, o fiel companheiro de Augusto, Vipsânio Agripa. Ele era muito mais velho do que ela, tão apagado quanto Marcelo era brilhante; era um bom administrador, e seu principal mérito, além dos serviços prestados durante a guerra civil no campo de batalha, era ter reorganizado a rede de aquedutos e de esgotos de Roma. Construíra também um estádio no Campo de Marte, com uma bela piscina fria e banhos. Aceitou a nova tarefa que Augusto lhe impunha. Tornou-se o marido de Júlia e, muito depressa, deu-lhe dois filhos, Caio e Lúcio. A alegria de Augusto foi imensa. Seus desejos estavam realizados. Os deuses haviam escutado suas preces e renovavam a velha aliança com os descendentes de Eneias. Infelizmente, esses dois jovens, que foram, desde a infância, cumulados de honras e que todos consideravam como os sucessores do príncipe, morreram aos 20 anos. Lúcio pereceu primeiro, em 2 d.C.; e Caio logo o seguiu. Augusto precisou resignar-se a buscar um sucessor entre os filhos de Lívia. Dos dois irmãos, nesse momento, só o mais velho sobrevivera, Tibério, um homem sombrio, que fora o terceiro marido de Júlia, após a morte de Agripa, e que fora obrigado a separar-se dela, pois ela o traía indignamente. Augusto não sentia nenhuma simpatia por ele. Só o escolheu porque não havia nenhum outro membro de sua casa capaz de assegurar, melhor ou pior, a sobrevivência de sua obra. Mas – e disso Augusto não suspeitava – Tibério, no fundo do coração, era republicano.

Quando Augusto morreu, na Campânia, numa mansão suspensa nos flancos do Vesúvio, entre os vinhedos e os pomares, Lívia apressou-se a tomar as medidas necessárias para transmitir os poderes a Tibério. Este, com menos pressa, consentiu. Dizia-se que ele esperava ver produzir-se um movimento a favor da República. Mas ninguém se mexeu. Os senadores derramaram-se em adulações. Não havia outra solução, era preciso aceitar o Império e colocar-se no lugar de Augusto. Foi assim que o governo do Império romano, depois de ter passado às mãos de um único homem por causa de uma longa sequência de guerras, nelas permaneceu porque a elite romana não se incomodou em reivindicar responsabilidades que não tinha mais coragem de assumir.

X

A ROMA DOS CÉSARES

Quando Roma caíra nas mãos de Augusto, o Império se estendia de Gibraltar às margens do Mar Negro, do Pas-de-Calais até o deserto da Síria. Augusto acrescentara o Egito; sem anexá-lo oficialmente, transformara o num vasto domínio privado do qual ele era o único proprietário. Depois dele, os imperadores romanos continuarão a ser os "reis" do Egito, que conservará sua administração tradicional na qual nenhum senador poderá entrar sem uma autorização expressa, dificilmente concedida. César quisera penetrar mais profundamente na Ásia. Antônio chocara-se com o reino parta e fora obrigado a recuar. Os partas continuavam a vangloriar-se da derrota que haviam infligido a Crasso em 53 a.C., e a honra romana devia ser vingada. Augusto, a quem não agradava comprometer seus exércitos em aventuras cujo fim não entrevia, preferiu resolver a questão de maneira pacífica e, após longas negociações, conseguiu que os partas lhe devolvessem as bandeiras tomadas às legiões de Crasso, e os prisioneiros sobreviventes. As bandeiras voltaram a Roma, onde foram consagradas no templo de Marte Vingador. Os prisioneiros, por seu lado, opuseram dificuldades. Muitos se tinham casado no país, cultivavam algum pequeno campo, exerciam um comércio. Haviam esquecido Roma e a pátria. O pequeno número dos que aceitaram voltar à Itália provou que os governos e os povos têm a memória mais longa do que os homens quando estão sozinhos e reduzidos às suas próprias forças.

Outros pontos do Império estavam expostos a riscos de ataques. Isso era verdade, sobretudo, na fronteira do Reno e na do Danúbio. Augusto teria sem dúvida preferido, aí também, resolver o problema pela diplomacia. Mas como concluir tratados duradouros com tribos semisselvagens?

Mal um chefe formara uma aparência de reinado, já uma revolta o expulsava. Diante desse universo movediço, era preciso levantar um dique. Augusto, após campanhas bem sucedidas conduzidas por Tibério e Druso, os filhos de Lívia, criou várias províncias fronteiriças na vertente norte dos Alpes. O problema era mais complicado nas margens do Reno. Toda uma série de *raids* profundos através do território germano pareceu a ponto de permitir a pacificação do país inteiro. Mas uma terrível revolta eclodiu bruscamente no fim do reinado de Augusto, em 9 d.C.: Varro, o general romano, voltava para seu quartel de inverno, na Vestfália, quando foi surpreendido por uma horda de queruscos, conduzidos por um certo Armínio (Hermann), considerado até então como um amigo e colaborador dos romanos. O exército de Varro foi inteiramente destruído quando atravessava a floresta de Teutoburgo. Os prisioneiros foram atrozmente massacrados, alguns vendidos como escravos. Ao saber do desastre, Augusto ficou transtornado. Muito tempo depois, ainda chamava Varro, à noite, e exigia-lhe suas legiões. A revolta de Armínio pôs fim aos projetos de romanização na Germânia. A fronteira foi transferida para o Reno. Daí em diante, foi nesse rio que o Império se deteve.

Augusto legou como princípio a seus sucessores que seria loucura procurar aumentar o Império. E, de fato, as tentativas de conquista depois dele foram muito limitadas. Somente duas deram certo: a da Bretanha, iniciada por Cláudio, e prosseguida, com fortunas diversas, até meados do século II d.C., e a da Dácia (o vale inferior do Danúbio, na atual Romênia), por Trajano. Por que então Roma, que fora conquistadora por tanto tempo durante a República, tornou-se então pacífica, quando submetida a um imperador? É possível compreender tal proposição, talvez, se pensarmos que a última grande conquista, a da Gália, foi realizada unicamente pela ambição de César, mas sem que ele tivesse recebido tal missão do Senado e mesmo sem sua autorização.

Depois de Augusto, é inconcebível que um general ambicioso comprometa dessa maneira os exércitos que lhe foram confiados. Toda iniciativa de conquista não pode vir senão do Imperador. Ora, a maioria dos imperadores romanos foi pacífica. Eles preferiram velar pela prosperidade geral em vez de esgotar as províncias com

História de Roma

recrutamentos de soldados, e empregar o dinheiro dos impostos na execução de grandes obras públicas das quais a plebe romana se beneficiava. Escavam portos, secam lagos, traçam estradas antes de pensar em estender um império já imenso. No conjunto, os imperadores foram bons, excelentes administradores, que, pelo tempo que puderam, asseguraram a abundância material, fazendo reinar a ordem, a justiça e a paz.

Os historiadores antigos, e especialmente Tácito, conservaram para nós a lembrança dos distúrbios que agitaram o círculo do Imperador e a própria cidade de Roma; foram muito mais discretos sobre o conjunto do Império, e se, lendo suas obras, temos a impressão de que a história do primeiro século do regime imperial não é senão um tecido dc abominações e de crimes, isso não nos deve fazer esquecer que esse mesmo regime foi aceito com reconhecimento por milhões de homens, que inúmeras cidades se formaram, prosperaram, à sombra da potência romana. A lembrança da conquista é esquecida; os antigos "vassalos" tornaram-se, quase sempre, cidadãos que administram eles mesmos os assuntos de sua pequena pátria, sem que os agentes imperiais ou o governador intervenham. Assim não é de espantar que se encontrem, ainda hoje, quase em toda a parte, inscrições em honra dos imperadores, exprimindo a gratidão dos provinciais. Aos imperadores, levantam-se estátuas, consagram-se templos. Pode-se acreditar que é simples adulação, mas a prosperidade das cidades provinciais é evidente; a população destas cresce, é preciso construir praças públicas, mercados, banhos cada vez mais numerosos. As provas irrecusáveis estão aí: os felizes efeitos da "paz romana" inscrevem-se no solo, nas ruínas que os arqueólogos descobrem em nossos dias e das quais extraem cada vez mais segredos.

A primeira cidade a se beneficiar dessas transformações foi naturalmente Roma. César começara. Augusto continuou sua obra, e não houve imperador que não tenha, na sequência, contribuído para embelezar a capital. Roma, no fim do século I d.C., possuía um conjunto de praças públicas como nenhuma cidade do mundo jamais conhecera. O velho Fórum republicano era apertado demais para acolher as multidões que se aglomeravam em Roma. César construiu, como dissemos, o primeiro "Fórum

História de Roma

imperial". Augusto acrescentou-lhe um conjunto análogo, depois, vieram os fóruns de Vespasiano, de Nerva e de Trajano que ocuparam todo o espaço compreendido entre o velho Fórum e o sopé do Quirinal e do Viminal: a cada um deles correspondia um templo, da divindade à qual o Imperador recorria. Para Augusto, Marte Vingador; para Vespasiano, a Paz; para Nerva, Minerva e, finalmente, para Trajano..., ele mesmo. Em volta de cada fórum imperial elevavam-se pórticos, onde se podia passear, ao abrigo do sol e da chuva, para os pórticos abriam-se salas guarnecidas de bancos, onde os "intelectuais" gostavam de se reunir, onde os conferencistas eram ouvidos, e os filósofos e os mestres de retórica ensinavam. No Fórum de Vespasiano e no de Trajano, bibliotecas reuniam as obras de língua grega e de língua latina que os sábios desejavam consultar. À medida que se penetrava nessa rede de pórticos e de praças pavimentadas, reinava um silêncio cada vez maior. Aí, nenhum carro, nenhum grito de vendedor; os barulhos da cidade estão distantes; chegam por cima das espessas muralhas. Às vezes, a fumaça de um sacrifício que se oferece num dos templos sobe ao céu;

e é o cheiro das carnes grelhadas, ou o do incenso, segundo o que o rito exige.

A vida ativa ocorre, sobretudo, nas dependências do Fórum de César, onde se encontram os banqueiros, e nas basílicas do velho Fórum. Aí também se construiu, no tempo de Augusto, ruas comerciais que se pareciam com os *souks* das cidades orientais: vendedores de joias, ourives, ocupam a rua que vai do Fórum em direção ao Grande Circo; são vizinhos dos negociantes de tecidos preciosos, entre os quais dominam sempre as púrpuras sírias. Damasco, Mileto enviam seus tapetes e panos bordados. As especiarias, vindas da Índia através da Arábia, depois pelo Egito ou pelo deserto da Síria, acumulam-se em outros *souks*. Os romanos consomem grandes quantidades de substâncias aromáticas para a culinária, mas também para os perfumes que gostam de usar, após o banho. Utilizam-nas também como oferendas aos mortos, e as piras fúnebres devoram montes delas todo ano.

Foi no começo do Império, também, que se desenvolveu a moda das Termas. No início, eram apenas ginásios à maneira grega, onde os jovens treinavam exercícios corporais; depois de terem corrido, lançado o dardo,

História de Roma

lutado, saltado, iam "tomar um banho". Logo, a clientela desses banhos foi envelhecendo. Os jovens, agora homens feitos, continuavam a gostar de seu ginásio, onde se encontravam com amigos, da mesma idade e, diríamos hoje, "da mesma classe". Naturalmente, com os anos, eles não tinham o mesmo vigor, e contentavam-se em caminhar ao longo das alamedas, olhando os mais jovens – seus filhos, em breve seus netos – fazerem os mesmos exercícios que outrora eles fizeram. Passeava-se, jogava-se bola, a dois, três, quatro, e como era cansativo demais abaixar-se para pegar as bolas, pequenos escravos estavam ali, que se precipitavam e poupavam tal esforço ao senhor. Compreende-se que os romanos tenham tomado gosto pelas "termas", que tenham passado ali todas as horas da tarde, sendo massageados, untados com óleo, perfumados, lavados, nas estufas ferventes ou nas piscinas de água fresca. Depois, quando o banho acabava, reuniam-se entre amigos, sempre os mesmos, sob os pórticos, e jogavam damas, gamão (o que se chamava *latrunculi* ou "jogo dos soldados"), mordiscavam guloseimas vendidas por garçons de taverna, bebiam um dedo de vinho adoçado com mel, comentavam as notícias da

Cidade e do Império: "a tal senador foi pedido que cortasse as veias por Nosso Senhor", ou então "a terceira Legião, no Danúbio, distinguiu-se repelindo um ataque dos dácios" ou ainda "diz-se que o rei da Armênia envia uma embaixada ao Imperador; achas que evitaremos a guerra desse lado?"

Essas horas passadas nas termas eram a recompensa do trabalho cotidiano, das horas que os clientes passavam à porta de seu poderoso patrão, a quem eles deviam saudar desde o nascer do sol, para obter a "espórtula", o pequeno auxílio em víveres ou em dinheiro que os ajudaria a comer nesse dia, ou, para os artesãos e os comerciantes, eram a recompensa das intermináveis manhãs, das pesadas tardes nas lojas sem ar, entulhadas a tal ponto de imponentes mercadorias, que era difícil se mexer. Foi dito, com muita exatidão, que as "termas eram as mansões da plebe". Não é de espantar que os imperadores "amigos do povo" tenham multiplicado seu número, desde Nero, que construiu o primeiro "ginásio" popular no Campo de Marte, até Diocleciano, o qual ergueu esses banhos monumentais, de esplendor sem igual, que as destruições operadas ao longo dos séculos pouco

História de Roma

atingiram, e que abrigam hoje, além de uma grande igreja, o Museu Nacional Arqueológico de Roma.

Roma não seria Roma se não se evocassem também os circos e os anfiteatros onde ocorriam os jogos. Na verdade, não se deve esquecer que o Coliseu, que permanece na imaginação como o símbolo da Roma imperial, foi construído somente por volta de 80 d.C., mais de dez anos após a morte de Nero. Os primeiros jogos de Roma aconteciam no Grande Circo, e eram quase unicamente corridas de cavalos. Mais tarde, sob a influência dos etruscos e a dos campanienses, estabeleceu o costume de realizar combates de gladiadores. Era uma forma suavizada dos sacrifícios humanos, que, entre os etruscos, acompanhavam de bom grado os funerais dos grandes senhores, como ocorria também no tempo de Homero, visto que nos dizem que, em honra de Pátroclo, Aquiles imolou prisioneiros troianos. Todavia, pouco a pouco, os romanos pararam de sacrificar prisioneiros inocentes e substituíram-nos por voluntários, que combatiam entre si por dinheiro. Durante muito tempo, esses combates ocorreram no Fórum. Nesses dias, erguia-se andaimes de madeira, os espectadores se amontoavam como podiam no telhado dos edifícios vizinhos, e assistia-se a dois ou três "pares" de gladiadores lutarem entre si até que um deles caísse por terra. Os verdadeiros romanos, de velha estirpe, não gostavam muito desses divertimentos abomináveis. Mas, sob o Império, quando a plebe possuía muitos provinciais, orientais, italianos vindos do sul – onde os combates de gladiadores eram muito apreciados –, esses jogos se multiplicaram. Finalmente, Tito decidiu construir um anfiteatro permanente, o maior do mundo. Foi o Coliseu, cujas ruínas se veem ainda hoje. Ali, dezenas de milhares de espectadores podiam ver morrerem homens, aplaudir os requintes da esgrima ou tremer pelo combate desigual de uma fera com um condenado. Mas não nos esqueçamos, antes de protestarmos com horror, de que esses não eram os únicos espetáculos que se ofereciam à plebe: nem todos os animais eram destinados a matar homens, nem a se dilacerar entre si. Muitos eram "animais adestrados", que faziam números, como nos circos modernos; outros eram curiosidades que se apresentavam ao público, como as avestruzes, as girafas e todas as espécies de bicho vindas dos países distantes. Frequentemente, também, os condenados que deviam enfrentar leões e ursos eram bandidos que tinham cometido muitos crimes, submetido viajantes à tortura, massacrado, pilhado, incendiado, e se a justiça às vezes confundia com autênticos culpados os escravos fugitivos, cujo único crime era terem querido escapar de um senhor desumano, é que, em épocas diferentes, a consciência dos homens não é sensível aos mesmos escrúpulos, e não que os romanos, tomados um a um, fossem mais cruéis ou mais depravados do que os homens do nosso tempo, capazes, por seu lado, de tolerar (desaprovando-os, às vezes, só com palavras) mil horrores dos quais os romanos não podiam ter nem ideia.

*

Os primeiros sucessores de Augusto continuaram o regime que lhes legara o fundador do Império. O Senado, rendido, por diversas razões, incapaz de retomar o poder de fato, tornou-se somente um conselho de ex-magistrados, no qual se recrutavam comandantes de exércitos e governadores. Mas a iniciativa do governo não lhe pertencia mais, como outrora. O motor do Império estava em outro lugar: na própria pessoa do Imperador. E o drama foi que, durante mais de meio século, após Augusto, os imperadores foram personagens estranhos; depois de um velhote azedo, como Tibério, houve um louco como Calígula, em seguida, Cláudio, um ser incomum que, na infância, fora considerado totalmente desprovido de espírito e o qual, levado ao poder por acaso – porque se encontrava ali, no Palatino, quando seu sobrinho Calígula foi assassinado, e os pretorianos não puderam pôr a mão em mais ninguém –, misturou as medidas mais sábias com as mais estranhas, derramando sangue e se deixando enganar por seus libertos e suas mulheres a ponto de ser motivo de zombaria de todos. Enfim, quando Cláudio foi assassinado por sua última mulher, que era também sua sobrinha, Agripina, Nero foi chamado ao poder. Os senadores, que Cláudio procurara excluir da administração, colocavam todas as suas esperanças nesse jovem, o qual, pela mãe, descendia diretamente de Augusto, e parecia estar disposto a retomar as tradições um tanto esquecidas do Fundador.

Durante os primeiros anos de seu reinado, Nero manteve as promessas feitas em seu nome. Por trás dele, havia a forte influência de Sêneca, um filósofo apegado com todas as suas fibras à tradição romana e que, aos olhos dos seus colegas do Senado, garantia as boas intenções do jovem imperador, o qual era seu aluno e lhe obedecia respeitosamente. Mas a prova do poder não tardou a desgastar o prestígio de Sêneca. Nero passou a afirmar sua própria vontade. De espírito romanesco, animado por uma sensibilidade muito viva, artista, às vezes mesmo místico, levou muito a sério o caráter religioso que se atribuía ao Imperador. Quis tornar-se deus e, para isso, exibiu-se em público, tocando lira e cantando, como Apolo, e, como ele, conduzindo parelhas de cavalos. Os gregos e os orientais, assim como a plebe romana, foram os únicos a compreendê-lo. Os romanos "sérios" ficaram escandalizados. Não quiseram mais obedecer a um "histrião", e formaram a maior conjuração jamais vista. Mas, por estarem em tão grande número, os conjurados não conseguiram manter o segredo. Nero ficou sabendo da ameaça e prendeu os suspeitos. As condenações à morte se sucederam. Entre as primeiras vítimas, Sêneca, e, com ele, quase todos os senadores da oposição. Uma vez dizimado o Senado, Nero partiu para a Grécia, deixando Roma nas mãos de um de seus libertos. Quando voltou, depois de ter obtido todos os prêmios nos jogos tradicionais, em Olímpia, em Corinto e em outros lugares, acreditou ter ganhado definitivamente a disputa. Mas, em breve, os acontecimentos o desenganaram. Um governador de província se declarou dissidente. O Senado de Roma aprovou esse gesto e proclamou a deposição de Nero. Em algumas horas, o regime fundado com tanto esforço por Augusto desabou. Acossado, dissimulando-se num pântano, com um ou dois servidores, o deus Nero, o novo Apolo, foi obrigado a apunhalar-se, e seu cadáver foi mutilado pelo povo que, alguns dias antes, se prosternava diante dele.

Imediatamente, desencadearam-se em Roma novas guerras civis. Galba, o governador dissidente, mal havia entrado em Roma e recebido do Senado o título de Imperador, surgiu um rival, o jovem Othon, outrora companheiro de Nero. Othon, com louca audácia, sublevou contra Galba os pretorianos da guarda. As diferentes tropas da

Cidade seguiram-no e, abandonado por todos, Galba foi massacrado em pleno Fórum, pelos mesmos soldados que lhe haviam jurado fidelidade no ano anterior.

Entretanto, na Germânia, outro pretendente se sublevava contra o Imperador. Vitélio, governador da Germânia inferior, agrupou à sua volta todas as legiões que montavam guarda no Reno, agregou auxiliares gauleses, germanos, e, à frente deles, desceu rumo à Itália. As tropas de Othon foram derrotadas. Vitélio continuou sua marcha para Roma e, em meio às aclamações da plebe, penetrou na Cidade, sem que ninguém tivesse o poder de se opor a essa usurpação brutal. Assim que Vitélio se tornou imperador, pela força das armas, soube-se de um novo levante militar. As legiões do Oriente, invejosas dos louros dos exércitos da Germânia, tinham se declarado a favor de Flávio Vespasiano, que fora encarregado por Nero de reprimir a insurreição dos judeus e se encontrava então na Judeia. Várias profecias (que se aplicarão mais tarde ao cristianismo) diziam que "a salvação viria do Oriente", e os sacerdotes das inúmeras religiões que dividiam entre si os fiéis na Síria, na Ásia, no Egito, declararam que Vespasiano era o salvador designado pelos deuses.

Vespasiano era um burguês italiano, que fizera uma carreira honrosa sob os primeiros imperadores; bom soldado, bom administrador, cheio de bom-senso, era muito diferente do grande senhor refinado, sensível e entusiasta que fora Nero. Quando lhe disseram que os deuses o designavam para o Império, ele sorriu, e se perguntou somente se aqueles que lho asseguravam estavam verdadeiramente persuadidos disso. Aparentemente, estavam; conduziram Vespasiano através da multidão que enchia os templos, em Alexandria; no meio dessa multidão, havia doentes, que ficaram curados logo que Vespasiano lhes acariciou a cabeça. Vespasiano não estava muito seguro de que fossem verdadeiros doentes, mas todo o mundo gritou que era um milagre, e ele não disse nada. Foi assim que reuniu em torno de si as populações do Oriente, enquanto exércitos, comandados por Múcio, um de seus amigos, que ligara seu destino ao dele, marchavam para a Itália e arrancavam o poder aos partidários de Vitélio. Na luta, Roma padeceu terrivelmente. Lutou-se na Cidade, e o Capitólio

História de Roma

sofreu um cerco em regra. O templo de Júpiter foi incendiado, o que foi interpretado como um sinal enviado pelos deuses: sinal do quê, não se sabia muito bem, mas todo o mundo se pôs de acordo em reconhecer a importância do acontecimento. De fato, Múcio não tardou a obter a vitória sobre os soldados de Vitélio e quando Vespasiano voltou do Oriente, alguns meses mais tarde, o Império lhe pertencia.

Vespasiano fundou uma nova "dinastia", a dos Flavianos: seu sobrenome era Flávio. Ele associou seu filho mais velho, Tito, ao exercício do poder. Tito era um jovem muito brilhante, que seduzira com seu encanto todos os que dele se haviam aproximado, enquanto acompanhava seu pai na Judeia; fizera muito para granjear a Vespasiano as simpatias dos soldados e de seus oficiais. Uma vez Vespasiano imperador, Tito terminara sozinho a guerra na Judeia e tomara de assalto Jerusalém. Ainda hoje, ao pé do Palatino, um arco de triunfo relembra a vitória de Tito, e vê-se aí, num baixo-relevo, o candelabro de sete braços do Templo de Jerusalém que os soldados romanos levaram entre o butim do triunfo. Banidos de seu país, muitos judeus espalharam-se pelo mundo todo. Um grande número se reuniu a seus irmãos de raça instalados há muito tempo às margens do Tibre, em Roma. Foi nesses círculos judeus que primeiro se difundiu a doutrina cristã, para alcançar, rapidamente, certas partes da sociedade romana, preparada há muito para acolher as religiões vindas do Oriente, habituada pelos filósofos estoicos e platônicos a admitir a existência de um único deus, criador do mundo, em comparação com o qual todas as divindades tradicionais do paganismo eram apenas servidores ou demônios, intermediários entre a Divindade e os mortais. Mas a religião cristã nascente era mais exigente do que uma crença filosófica ou mesmo do que as práticas das outras religiões orientais; ela acarretava a aceitação total de um gênero de vida que marcava o cristão e fazia dele um ser à parte na "comunidade" romana. Um cristão não podia fazer sacrifícios aos deuses nacionais. Também não podia, ao que parece, prestar juramento ao Imperador nas formas habituais. Ademais, em meio a calúnias, os cristãos foram acusados de se reunirem secretamente à noite e se entregarem a práticas abomináveis, de matar crianças para

História de Roma

interrogar suas entranhas; também foram acusados de serem os "inimigos do gênero humano", porque repetiam que "seu reino não era deste mundo", e que seu Deus só triunfaria no dia em que, voltando em toda a sua glória, Ele destruísse o mundo para dar lugar ao reino de Justiça – onde só os cristãos teriam lugar.

Por todas essas razões, os magistrados, os juízes, mesmo o imperador vieram a considerar os cristãos como criminosos de direito comum, conspiradores malfazejos, dos quais era preciso purgar a terra. E iniciou-se uma longa luta entre "a seita" e o poder. Luta de múltiplas peripécias com períodos de tolerância interrompidos por perseguições violentas. Finalmente, no início do século IV, quando o Império saía de uma longa crise em que quase perecera, Constantino decretou que o culto cristão tornar-se-ia uma religião oficial. A seus olhos, parece, era a forma de fazer que uma parte cada vez mais importante da população colaborasse com a conservação do Império, cativando, pelos laços do reconhecimento, as numerosas igrejas semiclandestinas, semirreconhecidas que reuniam os fiéis através de todas as províncias. Porém, antes disso, quantas dificuldades para os cristãos, quantos dila-ceramentos nas famílias mais nobres, em que alguns membros adotavam a fé nova, apesar da resistência ou da recusa dos seus! E quantos mortos, quantos mártires, cons-cientes de sua inocência, entregues aos suplícios por juízes também certos de libertar Roma de inimigos temíveis!

No reinado de Tito, Roma conheceu várias catástrofes: uma peste, um grande incêndio. Ademais, o Vesúvio entrou em erupção e submergiam sob as cinzas e a lama três cidades campanienses: Pompeia, Herculano e Estábias. E Tito reinou só dois anos!

Teve como sucessor o irmão mais novo, Domiciano, o último dos imperadores Flavianos. Juvenal e Plínio, o Jovem, falaram muito mal de Domiciano. Mas escreveram com o seu sucessor. Já Marcial e Estácio, dois poetas cortesãos, falaram muito bem dele. Talvez ambas as opiniões sejam igualmente justificadas, segundo se considere o início ou o fim do reinado. Grande construtor, Domiciano reparou os estragos causados pelo grande incêndio do reinado de Tito; concluiu a construção do Coliseu, continuou a série dos fóruns imperiais e deu aos imperadores um palácio magnífico, no Palatino.

Mostrou-se igualmente ativo nas fronteiras, na Bretanha, na Germânia, mas no fim da vida conheceu o medo, um terror doentio das conjurações. Além disso, odiava os senadores, porque eles o desprezavam e ele sabia que, no passado, eles haviam adulado os príncipes, enquanto se preparavam sorrateiramente para assassiná-los. Finalmente, ocorreu o que Domiciano temia. Sua própria mulher conjurou contra ele, que morreu, sob os golpes de seus próprios oficiais. Com ele perecia a segunda dinastia romana.

XI

A MORTE DE UM IMPÉRIO

Após a morte de Domiciano, os romanos foram poupados da catástrofe de outra guerra civil. O Senado escolheu como Imperador Nerva, um velho que tinha a reputação de ser um homem justo e sábio. E Nerva provou sua sabedoria escolhendo para si mesmo um sucessor, muito mais jovem do que ele, um militar capaz de resistir a toda tentativa de rebelião. Este foi Trajano. E com ele começa a mais gloriosa das dinastias imperiais, a dos Antoninos. Cabe a ela o mérito de ter feito reinar a paz no mundo praticamente sem descontinuidade por quase um século, enquanto as províncias conheciam uma prosperidade sem precedente. Pode parecer-nos, após tantos séculos, que esse período feliz "não tem história", sobretudo, talvez, porque os escritores antigos não nos deixaram obras tão importantes sobre essa época quanto as de Tácito, por exemplo, sobre o período precedente, o dos reinados dos sucessores diretos de Augusto. De fato, intrigas palacianas não faltaram, nem guerras nas fronteiras, já que se viu Trajano conquistar o país dos dácios, no Danúbio inferior, e expulsar os partas do próprio Império, estender a dominação romana além do Eufrates, para logo ser coagido a recuar e voltar aproximadamente aos antigos limites.

No interior do palácio, houve rivalidades e escândalos, nos quais as imperatrizes exerceram seu papel mais ou menos da mesma maneira como fizera a filha de Augusto, Júlia, e sua neta, Júlia, a Jovem, ou as mulheres de Cláudio, especialmente a célebre Messalina. Assegura-se que Adriano, sucessor de Trajano, obteve sua elevação somente graças aos favores da Imperatriz Plotina. Diz-se também que Faustina, a mulher do Imperador Antonino, o Piedoso, não lhe foi muito fiel. Mas todos esses escândalos, murmurados, não impediram que os Antoninos fossem

História de Roma

considerados como os príncipes mais perfeitos, mais justos, e admirou-se muito que eles tenham tido a sabedoria de transmitir o poder a adotivos, aparentemente "os mais dignos", mesmo que, na realidade, possamos suspeitar de que os escolhidos fossem filhos deles, oriundos de alguma união clandestina.

Durante esse período, a literatura romana, que dera grandes obras no tempo de Augusto, de Nero, e mesmo sob Domiciano e, ainda, sob Trajano, ia se empobrecendo. Os escritores de língua grega eram os únicos a ter alguma fecundidade. Os poetas latinos não sabiam senão imitar seus predecessores. Nas províncias, a cultura grega dominava. Um único autor, um africano chamado Apuleio, escreveu – ainda sob Marco Aurélio, sem dúvida, em meados do século II d.C. – uma grande obra em latim. Foi um romance, que ele denominou *As metamorfoses* e que conta várias histórias muito agradáveis, especialmente a de um jovem que, querendo dedicar-se à magia, acreditou ter se transformado em pássaro, mas virou, na verdade, um burro. Foi também Apuleio que introduziu em seu romance o conto, tão singelo, de Amor e Psique, os dois amantes que foram felizes enquanto ela aceitou não conhecer aquele que amava e que perderam a felicidade na noite em que ela cedeu à curiosidade.

Mas Apuleio, embora escrevesse em latim, pensava como um grego. Dizia com orgulho ser um "filósofo platônico". Todas as suas crenças religiosas vieram do Oriente. As províncias ocidentais, a própria Itália, foram invadidas pelo pensamento grego. Roma morreu em espírito antes de morrer como potência política.

Entretanto, os imperadores se sucediam no Palatino. Depois de Trajano, veio Adriano, grande viajante, apaixonado pelas coisas gregas, e que reuniu em sua cidade de Tibur, perto de Roma, todas as paisagens célebres do Império. Depois veio Antonino, o Piedoso, excelente administrador, seguido por Marco Aurélio, o imperador estoico, homem de sociedade e perseguidor dos cristãos. Enfim, veio Cômodo, seu filho, do qual se assegurou que, na realidade, era filho de um gladiador porque, ao se tornar Imperador, gostava de descer à arena e lutar pessoalmente contra as feras – ele pretendia, desse modo, imitar Hércules, grande massacrador de monstros, como outrora Nero imitara Apolo, o deus músico.

Cômodo não praticava as virtudes de seus predecessores. Foi punido por uma revolta militar e, por fim, morreu assassinado em seu próprio palácio.

Cômodo morreu, talvez, por ter querido instituir uma monarquia de essência religiosa. Depois dele, a ideia se desenvolveu – ela já estava germinando no pensamento de um Nero e progredira, lentamente, nos reinados dos Antoninos – e, após o reinado de Sétimo Severo, um africano, o poder passou para os sírios, cuja família estava, há gerações, a serviço do deus-sol, na cidade de Êmese. Não é mais Roma que governa o mundo, é o mundo que envia ao Palatino, sucessivamente, todos os personagens que crê serem capazes de exercer o poder. Assim o Imperador Heliogábalo, que sucedeu ao segundo filho de Sétimo Severo, Caracala, era um sacerdote do Sol, originário de Êmese, na Síria. Era ainda muito jovem, apenas adolescente, quando foi proclamado Imperador pelas legiões do país. Fez sua entrada em Roma com estranhas vestes, o rosto maquiado, braços, pernas, pescoço cheios de colares. Mas Roma não se indignou. Estava pronta a aceitar os senhores mais estranhos, pela boa razão de que já não havia muitos romanos, que a raça italiana se dissolvera nas vagas cada vez mais numerosas de imigrantes vindos de todos os pontos do horizonte. O palácio imperial parecia mais do que nunca com os haréns do Oriente. Por detrás da pessoa de Heliogábalo, é Júlia Mesa, sua avó, que na realidade exerce o poder; e foi também ela que o mandou assassinar no dia em que ele deixou de lhe ser um instrumento útil. Alguns anos mais tarde, após o excelente porém curto reinado de Severo Alexandre, o Império caía na anarquia.

Não é fácil discernir as razões que precipitaram o vasto Império romano, até então tão firme, num caos medonho, cada comandante de exército se declarando Imperador e começando uma marcha para Roma que era quase sempre interrompida pela intervenção de outro pretendente. Nas fronteiras, os bárbaros tornavam-se cada vez mais ameaçadores, penetravam nas províncias e os imperadores temporários esgotavam-se lutando contra esses inimigos que renasciam incessantemente.

A bem dizer, todos esses males já haviam existido outrora. As incursões bárbaras não eram novas, visto que até Augusto precisara

História de Roma

enfrentá-las. Os levantes militares, por sua vez, tinham atrás de si uma longa tradição. Mas esses dois males, de acidentais, tornaram-se crônicos e manifestavam-se juntos, o que os fazia ainda mais perigosos. Sobretudo porque o Império romano, cada vez mais, era um imenso corpo sem alma. A alma romana deixara progressivamente de existir enquanto os imperadores atacavam sem descanso a velha aristocracia. Roma conquistara seu império porque formava uma coletividade forte, de homens compartilhando o mesmo ideal, obedecendo aos mesmos instintos políticos. Os germes da decadência propagaram-se no Estado quando o poder passou para as mãos de um só, e seu exercício foi confiado não mais a magistrados, mas a funcionários de responsabilidade demasiado limitada, executantes timoratos da vontade de um senhor distante, bastante mal informado sobre os verdadeiros problemas. O Império era vasto demais. Apesar de se desenvolverem os meios de transporte e comunicação, de se organizar (admiravelmente) um correio imperial, imensos territórios permaneciam afastados da vida política. As fronteiras eram extensas demais. O Imperador devia, pessoalmente, dirigir os exércitos nos pontos ameaçados. Ele não ousava confiar forças importantes a generais, pois temia vê-los se revoltarem contra si. Todas essas dificuldades acabaram por criar condições que quase impossibilitavam o exercício do poder.

Entretanto, no fim do século III houve um sobressalto. Os oficiais do exército da Ilíria decidiram instalar uma ditadura militar para enfrentar o perigo mais grave, o que ameaçava Roma do exterior. Em 270, Aureliano, filho de um simples camponês da Panônia, foi proclamado Imperador por seus soldados. Energicamente, atacou os bárbaros, fez que as cidades romanas se pusessem em estado de defesa em toda a parte. Data dessa época o grande muro que cerca Roma ainda hoje e que constituiu quase que a sua única proteção até o fim do século XIX. Germanos, godos, árabes, egípcios revoltados são esmagados. Ao mesmo tempo, Aureliano volta a pôr ordem na administração interna, restabelece uma moeda mais estável, organiza corporações, esforça-se para que as terras abandonadas sejam cultivadas, desapropriando para isso os proprietários negligentes, em suma, restaura, tanto quanto pode, a autoridade do

Estado. Mas os remédios imaginados por Aureliano só prolongaram a agonia.

Alguns anos depois da morte de Aureliano, outro imperador, um dálmata, Diocleciano, chega ao poder e continua a obra começada. Inspirou-se nos mesmos princípios e aperfeiçoou o sistema. Consciente da ameaça que a imensidão do Império constituía, associa-se a "imperadores adjuntos". Doravante, houve quatro imperadores, dois providos do título de Augusto, Diocleciano e Maximiano, e dois simples "Césares", Galério e Constâncio, vinculados aos dois Augustos. Assim o Império dispunha de quatro defensores eventuais, de quatro administradores que podiam estar presentes ao mesmo tempo no Oriente e no Ocidente, nas fronteiras e nas províncias do interior. Diocleciano tinha pelo menos tanta energia quanto Aureliano e uma vontade igualmente firme de resolver tudo de maneira "racional". Ou seja, aumentou a administração, de tal modo que se pôde dizer zombeteiramente que de cada dois romanos um era funcionário público. Os cidadãos eram inscritos, quando nasciam, numa categoria da qual não tinham mais o direito de sair, ao menos na teoria, pois, na prática, todos os meios eram válidos para reconquistar a liberdade. Os preços eram fixados por tarifas oficiais. Os serviços imperiais procediam a requisições para abastecer os mercados públicos, mas os camponeses vendiam tudo o que podiam no "mercado negro", o que engendrava a penúria e, por vezes, a fome. Enquanto Diocleciano permaneceu no poder, o sistema mais ou menos funcionou. Mas logo que abdicou, voluntariamente, e se retirou para o seu castelo de Spalato, na costa dálmata, os guerreiros assassinaram-no. Não se detém, mesmo com toda a energia, com toda a inteligência do mundo, a decomposição de um império esvaziado de todas as suas forças vivas.

O Império romano tinha ainda, porém, muitos anos pela frente, mas vai se transformar, no início do século IV, de maneira profunda. Constantino, que tomará o poder após as guerras civis que marcaram o fim da "tetrarquia", vai lhe dar um golpe fatal, criando uma segunda capital às margens do Bósforo, a cidade de Constantinopla, que se superpôs à antiga Bizâncio. Assim, não são mais os romanos (ou o que deles restava!) os senhores do mundo, mesmo essa ficção é abandonada. Uma nova era começa. O cristianismo é reconhecido como religião oficial

História de Roma

por Constantino. É o Oriente que, definitivamente, adquire a supremacia. O Ocidente, para renascer, deverá passar pela prova da dominação dos bárbaros.

O Império romano, durante essa longa noite da barbárie, sobreviverá somente no espírito dos homens, como uma luz cada vez mais longínqua, pequeno clarão que às vezes se perderá de vista, até o dia em que, com o Renascimento, virá de novo iluminar o mundo.

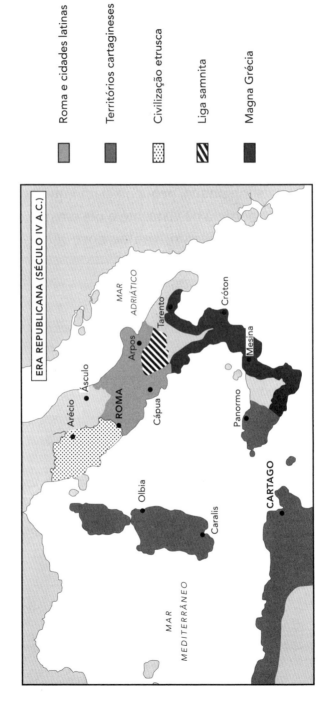

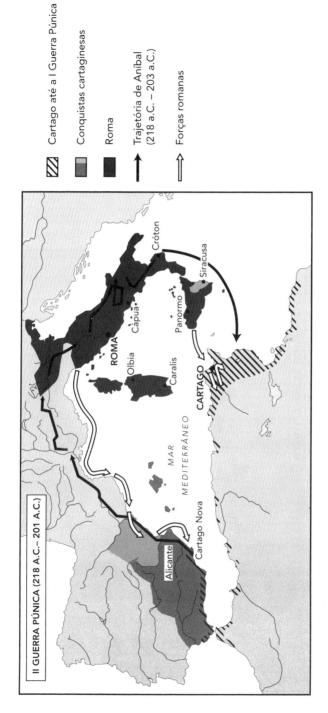

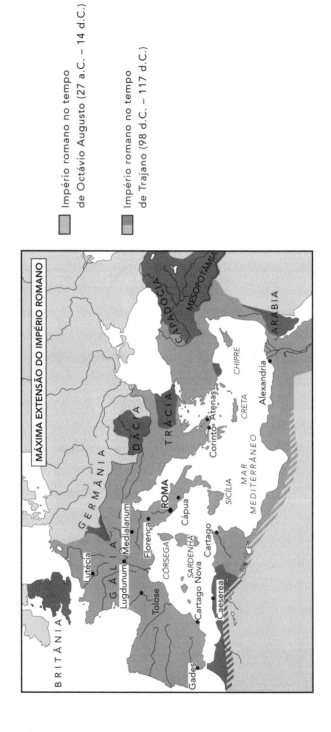

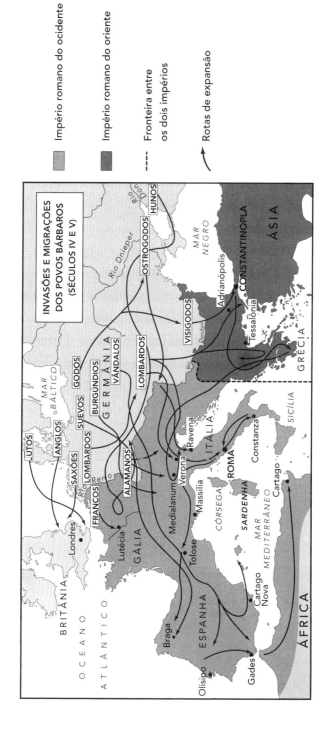

SOBRE O LIVRO

Formato: 12 x 21 cm
Mancha: 19 x 39,5 paicas
Tipografia: Iowan Old Style 12/17
Papel: Off-white 80 g/m² (miolo)
Cartão Supremo 250 g/m² (capa)
1ª edição: 2011

EQUIPE DE REALIZAÇÃO

Edição de Texto
Isabel Junqueira (Preparação de original)
Elisa Andrade Buzzo (Revisão)

Capa
Estúdio Bogari

Editoração Eletrônica
Sergio Gzeschnik (Diagramação)

Assistência editorial
Alberto Bononi